U0448011

国货潮起来

吴晓波频道 —— 主编

中国友谊出版公司

图书在版编目（CIP）数据

　国货潮起来 / 吴晓波频道主编 . -- 北京 : 中国友谊出版公司，2022.11
　ISBN 978-7-5057-5575-8

　Ⅰ . ①国… Ⅱ . ①吴… Ⅲ . ①品牌营销—研究—中国 Ⅳ . ① F713.50

中国版本图书馆 CIP 数据核字（2022）第 189224 号

书名	国货潮起来
作者	吴晓波频道　主编
出版	中国友谊出版公司
策划	杭州蓝狮子文化创意股份有限公司
发行	杭州飞阅图书有限公司
经销	新华书店
制版	杭州真凯文化艺术有限公司
印刷	杭州钱江彩色印务有限公司
规格	880×1230 毫米　32 开 7.375 印张　112 千字
版次	2022 年 11 月第 1 版
印次	2022 年 11 月第 1 次印刷
书号	ISBN 978-7-5057-5575-8
定价	69.00 元
地址	北京市朝阳区西坝河南里 17 号楼
邮编	100028
电话	(010) 64678009

前言

我们先来想象这样一个场景：有一位90后的女生，清晨起床，穿上"内外"，戴上"moody美瞳"，给自己煮一碗"拉面说"，用"林清轩"简单化一个妆。出门前，给自己的宠物喂一盆"PIU鲜食"。进办公室，来一杯"永璞咖啡"，中午到楼下的"陈香贵"或"马记永"吃一碗兰州牛肉面。下午时分，最好来一支"钟薛高"或一杯"乐乐茶"，再与闺蜜分享一块零糖的"每日黑巧"……

在这个场景中，你会发现所提及的十几个品牌，均为近年声名鹊起的新国货品牌，而且这些新国货都来自上海的创业公司。

2021年，天猫选出了平台上最受消费者喜欢的500个新国货品牌，发布了一份"新品牌创业地图"。其中，来自上海的品牌有90个，位列全国城市榜单第一名，成了新国货品牌创业第一高地。

有鉴于此，我们与东方卫视很默契地同时提出：立足上海这个"时尚引爆中心"，制作中国首档国货社交综艺《国货潮起来》，以"国货+社交"的形式，打造沉浸式体验的大型国货"种草"现场，让上海和全国的新国货品牌一起参与。

节目自2021年10月上线后，在同时段节目中收视率名列前茅，斩获五周TOP1、三周TOP2的好成绩；微博话题阅读量约6亿次，短视频平台相关话题词播放约2亿次。

其实，我们应该是国内最早开始关注新国货的机构之一。早在2016年，吴晓波频道就发起了"寻找奇葩匠人"的活动。从那以后，我们一直在关注和研究新国货运动的轨迹和趋势。我们每年会发布一份"新国货白皮书"，发起成立了新国货促进会，在2020年，完成了第一届"金物奖"评选活动，直至后来《国货潮起来》应运而生。

这档节目不只是单纯地分享国货而已，更是通过剖析这个时代，让国货品牌更好地理解消费者的需求。甚至，它还为年轻人打造了一个社交分享场，以国货产品为切入点，挖掘国潮、国货背后的故事，挖掘年轻人的新消费理念和新生活方式。

节目终有收官之日，国货品牌却已经成了国人生活中不可或缺的一抹亮色。我们一直希望能将时代的潮涌诉诸文字，以更为系统的形式，介绍新国货品牌的成长故事。

如今，《国货潮起来》这本图书新鲜面世，它以同名综艺内容为基础，延续"倍速时代""潮流生活是个圈""一人时代""治愈自己的一万种方式""爱情72变""白日梦想家"六个主题,通过解读当下新国货浪潮中的新消费趋势,观察不同细分赛道的典型新国货品牌,记录新国货品牌的发展之路,为新国货品牌崛起鼓与呼。

那么,本轮新国货浪潮的成长逻辑到底是什么,这些置身其中的创业者具有哪些不同寻常的特质?本书选取了颇具代表性的国货品牌,对它们进行拆解分析,呈现它们捕获用户需求和行业趋势,提供个性化解决方案的过程。

国货之所以能"潮起来",本质上是中国经济繁荣的必然结果。往大里说,就是国运。从今天到未来,中国经济发展的速度和深度,就是新国货发展的速度和深度。这种自信不是凭空生成的,而是植根于中国社会演进的基本面之中:

其一,本土文化带来审美自信。

新国货浪潮建立在本土文化自信的基础上,创业者们从故宫、宋画、敦煌乃至三星堆等古老的文化遗产中发掘出了既迥异于欧美,又不同于日韩的生活美学,它正逐渐构成21世纪中国消费品的美学符号和价值体系。

其二,中国制造带来品质自信。

作为居全球首位的制造业大国,先进的制造能力和完备的供应链,为本轮新国货创业提供了前所未见的品质保证。在此前提下,很多新国货已经摆脱了"定价自卑",敢于在细分品类中掌握价格的自主权。

其三,互联网引爆模式带来创新自信。

本轮新国货的创业者以80后和90后为主,他们大都具有大公司从业经历或海外留学背景,常年的都市生活和开阔的国际化视野,使他们可以娴熟地运用新的营销工具,绕开传统企业的传播和渠道壁垒。所以,他们得以在很短的时间内完成初创期的积累,获得都市年轻消费群体的青睐。

此时此刻,无数的创业者仍然在路上,用自己的方式建构品牌标识。《国货潮起来》尝试以时代旁观者的视角,与创业者对话,在对话中展现新国货的核心竞争力,以及它们在审美力、品类创新和生活方式迭代上带来的改变。

在中国这片古老的土地上,每天都在上演着新鲜的故事。我们每一代人在继承中反叛,在温情中告别过去并体现自己的人生价值。新国货浪潮方兴未艾,本书所写的内容,寄托着我们对其未来的美好憧憬。《国货潮起来》系列图书将陆续出版,以期形成具有影响力的新国货文化IP(知识产权)。我们所能肯定的是:投身新国货是未来十年少有的正确的事情之一。

⟨目录⟩

第一章　倍速时代

消费新趋势

- 倍速时代：快与慢是个玄学　/003

新国货方案

- 老金磨方：滋补零食化的新中式表达　/014

第二章　潮流生活是个圈

消费新趋势

- 潮流生活是个圈：态度永不变　/025

新国货方案

- 森宝积木：小积木，大情怀　/036
- 春游计：千年瓷器蝶变记　/050

第三章　一人时代

消费新趋势

- 一人时代：更"我"一代的选择　/067

新国货方案

- 德力西电气：有教科书意义的国货　/078
- 理象国：一场年轻人的冰箱战事　/092

第四章　治愈自己的一万种方式

消费新趋势

- 治愈自己的一万种方式：健康养生成为消费新增点　/107

新国货方案

- 植物医生：专注长期主义　/118
- C咖：追求"美"的新可能　/127

第五章　爱情72变

消费新趋势

- 爱情72变：悦己及人，勇敢说爱　/143

新国货方案

- 冰泉："口香"成为社交密码　/153

第六章　白日梦想家

消费新趋势

- 白日梦想家：居家生活的多种可能性　/171

新国货方案

- 追光：中国家庭的穿梭者　/182
- 凌博士：科学变美　/195
- 帝标家居：一把孔雀椅和30年奋斗路　/209

第一章 倍速时代

不同倍速,其实是不同场景下,大家对生活的态度和选择。身处倍速时代,人们在快节奏中追求极致化体验,同时,越来越多的慢需求也开始涌现。

- 新中式零食
- 芝麻丸
- 零食健康化
- 百年品牌
- 正泰
- 药食同源
- 东方潮养
- 床垫
- 便捷高效
- 养元青
- 睡眠经济
- 喜临门

消费新趋势
倍速时代:快与慢是个玄学

3分钟看完一部电影,1个月看完所有世界文学名著,7天掌握一项新技能。

这大约是我们当下被"灌输"得最多的高效学习法,大家不但习惯于"倍速"方式看剧,也习惯于"倍速"方式学习,习惯于用"倍速"方式解决各种人生课题:上学、就业、结婚、生子,整个人生最好都能倍速前进,这样不仅能赢在起跑线上,还能赢在终点线上。

比如"正泰Z9 Pro智能家居"有一组新产品,智能开关、网关、传感器三件"小东西"构成了一个智能生活场景,为倍速时代的消费者们节约更多时间成本,让他们用省下来的时间去生活、去休息。但实际上,即使加速了,大部分的人生依然不尽如人意:三十而立"立"不起来,四十不惑更是不可能的,因为"不惑"意味着你感知社会发展过程中的新趋势的能力衰退,你已经走在了被淘汰的路上。

最后,你会发现,倍速除了让你压力更大、头更秃、睡眠更差之外,奋斗的挫败感也会更加强烈。在消费领域,针对"快"带来的各种问题,也出现了很多可以带来短暂安慰的解决方案。京东消费及产业发展研究院出品的《2021—2022线上睡眠消费报告》显示,助眠类产品的销量年增长率达到197%。大家都忙着换更贵的床垫来改善睡眠,希望用更舒服的枕头去拯救高度劳损的颈椎。随着消费主力90后进入中年,"秃"如其来的背后是千亿市场。据市场调研公司Market Research Future发布的数据,到2023年,预计全球脱发市场规模将达到238.8亿美元。

更多的人开始重视慢的价值,被倍速人生挤压出来的慢生活成了全球潮流,慢食、慢行(主张骑车、步行)等都被认为是一种更健康和可持续的生活方式。

> **国货潮起来 生活新方式**
>
> 在《国货潮起来》中,潮流分享官上官喜爱主张人生应该以0.8倍速前进。人生不是短跑,而是一场马拉松,不用全程都跑得很快。吴晓波老师主张0.6倍速人生,他从自己的经历谈起,提到随着年龄的增长,他留给自己以及家庭的时间会越来越多。

人的幸福感是一个综合指标,并不能只从一个人的收入多少或职位高低来衡量他的幸福感,而是要看他的工作、生活、学习、自我认知的整体评价。"快"则必须面对快不起来的结果,"慢"说不定有慢慢来的收获。在快与慢之间，年轻人需要学会平衡。而这种心态转变背后，必然带来新的消费机会和商机。

"发际线"经济

号称"躺平"的年轻人内心其实很卷。

《2019年中国消费趋势报告》中显示，有76.2%的消费者会感到焦虑，焦虑主要来自工作、家庭责任、金钱，他们害怕经济下行、家人健康出问题。缓解焦虑的方法除了消费，就只有奋斗。让自己变得更强，才能越过困难的山丘，登上人生的巅峰。他们矛盾地践行着"倍速"人生，时刻提醒自己要快，不能落后。一边喊着头要秃了，一边告诫自己：比起秃头，更可怕的难道不是贫穷吗？所以，要加班，对KPI（关键绩效指标）不能懈怠。当然，发际线也要拯救。

这可以总结为"倍速悖论":越焦虑越奋斗,越焦虑越消费,越消费越奋斗。或者是:越累越头秃,越秃越觉得时不待我,再不奋斗就要被淘汰,头便越秃。年轻人陷入了自己构建的莫比乌斯环。

当然,他们也能找到安慰自己的方法。根据CBNData(第一财经商业数据中心)发布的《年轻人养生消费趋势报告》,我国半数以上的90后有脱发、掉发、视力减弱的困扰。其中只有脱发似乎是可以立刻诊治的。所以,公交站、地铁站等一些人流量大、收费高的广告位上,都排满了植发广告。

根据国家卫健委发布的脱发人群调查数据,中国已经有超过2.5亿人正饱受发际线的困扰,"六人行必有一秃"。确实,成年人的世界没有容易二字,除了脱发。

如今,解决头发日益稀少的问题几乎成了国民"刚需"。针对这一现象,消费市场衍生了不少细分消费需求,防脱、固发、生发、植发、假发等"赛道"应运而生，且近年来加速发展——企业咨询公司弗若斯特沙利文的数据显示，2020年中国医疗养固市场规模约50亿元，而中国毛发医疗服务市场2020年的规模为184亿元，2030年将增至1381亿元。但是这个需求仍更多侧重于消费领域，医疗领域的市场需求虽大，但实际市场渗透率却很低。后浪研究所发布的《2021年轻人头发报告》显示，年轻人为了拯救自己的头发，开始花钱买安慰。其中，62.39%的人选择购买养发产品，48.4%选择改变生活习惯，只有1.6%会选择植发。[1]几十年以来，几代人源源不断的尝试，只是验证了一个"治秃"的共同认识：常常安慰，偶尔治愈。

不管是植发还是生发，生效周期都很长，效果往往也因人而异。而假发制品虽"见效"快，但容易被人看出破绽，属于治标不治本。脱发经济虽然已经是千亿生意，但仍有很大的获利空间。发际线问题，属于美容美发这个范畴，解决发际线问题，消费者主要还是倾向在日常生活中调理改善。

[1] 此调查问卷为多选。

目前，在医学上已经证实了米诺地尔这样的有机物对治疗脱发有效，但对于大部分消费者而言，这类名字的产品是"药"，而不是日化用品。惜命的当代年轻人坚信"是药三分毒"，相对于西药，大家还是更愿意选择历史悠久的中药，这也是养元青控油防脱产品受欢迎的原因。自古以来，天然药植防脱发就有广泛的群众基础。"药食同源""以形补形"等朴素的中医观念并不需要刻意传播，这就是中国人的生活方式。甚至包括日本和韩国，在洗护领域，都是以"汉方"来开拓脱发市场的。

养元青作为云南白药旗下的防脱品牌，有"国妆特字号"和国家专利防脱认证双重认证，这也为产品提供了安心背书。

脱发的成因十分复杂，有病理性的，有心理性的，甚至也有遗传、基因等因素的影响。现在人们生活和工作的节奏都很快，普遍压力大，发际线问题也因此愈加受到关注，"养发治秃"相关产业的涌现，不仅为这一普遍性问题提供了更多科学的解决方案，也缓解了人们焦虑不安的情绪，在日常生活中获得了实实在在的"解压感"。

睡眠革命

近年来，睡眠已经成为困扰国人的一个比较大的问题。由喜临门睡眠研究院主编的《中国睡眠研究报告2022》指出，国人每天平均睡眠时长从2012年的8.5小时缩减到2021年的7.06小时，入睡时间晚了两个多小时，起床时间也晚了37分钟，睡眠时长减少近1.5小时。

> **国货潮起来 生活新方式**
>
> 在《国货潮起来》中，潮流分享官说唱歌手李棒棒说，"996"让工作几乎塞满了生活，他只能熬夜在少量的时间里做自己想做的事。越来越多的人为了有更多的时间"做自己"而选择熬夜，熬夜带来的睡眠质量问题，催生了大量的助眠需求。褪黑素、助眠灯、睡眠喷雾等助眠产品已经形成新兴的蓝海产业。

有数据显示，预计到2030年，助眠行业将突破万亿规模。

在睡眠问题的各种解决方案中，有统计数据显示，51.3%的人靠音乐助眠，44.6%的人靠运动，也有36.6%的人通过更换床垫等寝具来助眠。[1] 截至2019年，中国已经超越美国成为全球最大的床垫市场，市场规模约652亿元，2023年有望达到千亿元级。

床垫真的能解决睡眠问题吗？**据中国标准化研究院下属人因与工效学重点实验室测算，喜临门床垫推出的Smart Wave护脊深睡系统能有效减少深睡时的翻身次数，可提升17分钟左右的平均深睡时间。** 从数据角度分析，每次睡眠时的深度睡眠比例一般在15%～20%，以7小时睡眠时间为例，深睡时间大约在1～1.5小时，所以，这17分钟对于提升睡眠质量的帮助是非常大的。

---

[1] 此调查问卷为多选项。

当然，睡眠问题是各种复杂因素导致的，包含了生理因素、心理因素、环境因素甚至遗传因素。解决这个问题既需要考虑整体的社会环境，又要依靠国民整体认知水平的提升。比如，我们国家专门设立睡眠障碍门诊的医院目前还比较少，相对于生理疾病，人们对心理疾病的整体重视度还不够。具体到每个国民个体身上，那就是，必须更了解自身的健康状况。健康的三大来源分别是睡眠、运动和营养，三者缺一不可，重视和改变自身的睡眠习惯、运动习惯和饮食习惯，也是国民整体健康水平提高的方向。因此，在提供助眠产品或服务时，结合知识进行科普，提高国民对睡眠问题的重视度，在多元的助眠场景中寻找产品创新点，提供更适合国人的睡眠解决方案，都将是助眠产业进一步的发展方向。

在倍速时代，越来越多的人开始让自己适度慢下来，去享受纯天然食品，在大自然里做运动，努力改善睡眠质量，让自己多睡会儿，希望拥有一个更加健康的生命体验。慢与快并不对立，工作与休闲也并不矛盾，人们只是想过一个更丰富多彩的人生，拥有更多元的价值取向。这种生活态度，也影响着人们的消费选择，不论是防脱洗发水的热销，还是床垫助眠功能的提升，都体现着人们在快节奏中的慢需求。

随着消费者对脱发和睡眠问题的日益关注，防脱洗护市场和助眠市场热度将持续上涨。尽管行业正处于高速发展阶段，但仍缺乏真正拥有领先技术和行业优势的品牌，如何洞察消费者更细分的需求，如何通过技术研发更加专业、有效地为消费者提供解决方案，是新国货品牌突围红海的关键点。

新国货方案
老金磨方：滋补零食化的新中式表达

相信很多年轻人都知道，有一种冷，是"妈妈觉得你冷"。曾经妈妈总觉得你少穿了一条秋裤，如今有一种成长是你"开始自觉穿秋裤"，当95后开始保温杯里泡枸杞、砂锅煲汤放虫草，养生就不再是只属于中老年人的词了，它已经成为年轻一代消费群体的新生活方式。

那么，由"中式传统食补"全新升级到"新中式健康零食"的老金磨方，又是如何与用户建立良性的沟通机制的呢？或许，我们可以从下文中寻找答案。

翻新才能翻红

老金家从1912年开始磨五谷粉，后来老金家的传人金秋季在杭州屏风街开了一家研磨作坊，2006年，金秋季的儿子金博决定另开新店，于是在杭州市文晖大桥农贸市场开了一间小店，沿用了老金磨方这个名号。2008年，金博在淘宝上又开了网店，用了10年的时间，把老金磨方做到了类目第一的位置。老金磨方围绕"始于传统、忠于潮流"的品牌理念，坚持寻找细分市场的商机，致力于打造"新中式滋补零食"，重新定义消费者对于中式食补的认知和想象。

健康零食其实是中国人日常生活的一部分，是一个不需要被灌输的需求。但是长期以来，这部分需求没有被很好地满足，这也是产品创新度的脱节。比如，除了满足"好吃"这样的基础需求，商家对于核心卖点的提炼需要更加契合当下青年的痛点；外观视觉要创新，产品设计必须有颜值；取食要方便，必须充分考虑用户体验的各个环节。

无论是芝麻丸还是其他健康类零食，完成上述的产品层面的迭代，才有可能出爆品。

在这样一个红海品类中突围，商家需要的是把自己做"重（zhòng）"。商家需要从食品的原材料，也就是从初级农产品开始做。以芝麻丸为例，老金磨方从种芝麻开始做供应链，在江西的红土地上自建万亩黑芝麻种植基地，这样可以保证黑芝麻丸原料的稳定品质。芝麻丸的生产过程历经7道筛选，3道去杂标准工艺，采用全谷物研磨技术和低温烘焙技术。老金磨方的继承人金博说："在决定产品品质的关键性生产要素上，从一开始就要锚定最高标准。这种理念贯穿了老金磨方从原料配方、工厂管理、产品研发到物流运输的全流程。"

另外，江西的黑芝麻种植基地切实地为当地农户增加了收入，让高品质的农产品有了稳定回报，同时也带动了产业链下游的良性发展。企业发展到一定规模，除了服务好用户，还应该有正向的溢出效应。金博在回顾2021年最满意的事时，提到了两个方面：一是累计服务了许多用户；二是参与了很多天猫公益项目，并且为广大江西农民带来了收益的增长。

国货传统如何坚守

从一家小店发展至今，老金磨方的商业模型就是以用户需求为导向，为用户创造价值，服务用户。老金磨方一直坚持在做真正为用户带来价值的事情，但是另一方面，金博提到："老金磨方发展过程中面临的困难其实来自我们对于初心的坚持。"更高的品质往往意味着更高的成本，也意味着短期利润的减少。做食品有点类似制药，都是良心产业，因为商家每一个决策都关乎消费者的健康。老金磨方坚持"方正料足，三不添加"——不添加防腐剂、不添加色素、不添加香精。

芝麻丸这个产品并不算新品类，很早就在各大中药房售卖了，它们都是锡箔纸包装，药丸状，装在透明的塑料蜜饯罐中。这个产品基本上是老一辈的养生食品，经常可以在老年人家里的餐桌或茶几上看到。吃的时候要剥开包装，比较粘手，携带很不方便，放在包里，受热受潮后容易变成烂糊状，显得特别像"三无"食品。

老金磨方的做法是：重新定义消费者对于中式食补的认知和想象。老金磨方首先使用了六角国潮铁罐，每颗芝麻丸独立小包装，充氮保鲜，取食不油手，从包装角度完成了一轮对于芝麻丸这个品类的认知更新：它是年轻人的零食，方便人随时随地补充营养。与普通零食相比，芝麻丸不仅口味香醇，还能快速补充能量。新迭代的无糖配方还满足了年轻人的减肥"刚需"，椰浆黑芝麻丸更是追上了一波椰子口味热潮。年轻消费市场对于健康、口味、时髦的要求，全部体现在了一颗芝麻丸上。

在金博看来，任何一家公司在发展过程中都没有一模一样的商业模型可以套用，一定会遇到各种不同的困难。作为食品行业的从业者，大家都知道一分价钱一分货，好原料必然带来好口味，香精虽然能改善食品的口感和风味，但在细微之处一定是逊于天然产品的。然而，其他商家权衡的还是一个成本和利润的临界点：是否有必要不惜工本？这其实很容易变成一个价值取向问题：品牌能不能在不被看见的地方做到"慎独"？

我们常常听到食品行业业内人士谈论"食品安全"这个红线问题，不能触碰红线就要求从业者在所有环节做到"慎独"。在问及老金磨方发展的挑战时，金博表示，最大的挑战是供应链管理，以及要不断强化产品质量管控，因为老金磨方始终秉持"滋补零食化，零食健康化"的产品理念。无论潮流如何改变，新国货品牌想要做百年老店，除国货风口这样的红利外，还是要回到如何认认真真做好一款产品这个最基本的命题上。爆红靠运气，长红则真的需要凭实力。

未来的发展注重节奏感

商业都会有一些偶然因素。但是在金博看来，老金磨方不属于意外之火，而是厚积薄发。老金磨方始于1912年，几代人始终坚持"纯天然、无添加""药食同源"的健康理念，致力于产品和体验的升级和创新，通过将传统食补文化与现代潮流生活方式相融合，打造"有颜、有料、有趣、有爱"的新一代食补产品。老金磨方的产品是一个爆品矩阵，除了芝麻丸这样的主流爆品，红豆薏米粉的单罐累计销量也已达到数百万罐。

金博表示："在产品的开发上，我们会往零食形态及健康方向上走，同时也会对一些经典传统的零食产品进行健康化改造。无论是丸、粉、羹、汤、膏、饴，还是其他健康零食，我们都会聚焦传承中国传统的药食同源文化，推动'新中式健康零食'高质量发展。"在天猫的"问大家"那一栏，有消费者问，直接买5种材料熬粥不香吗？下面其他已购买的消费者的回答是：能天天熬？不就图个方便。这就是"新中式健康零食"在当下要满足的新需求——方便。

另外，我们也可以看到老金磨方作为"零食"的渠道属性正在变化。作为线上起家的品牌，它并没有止于线上，也越来越重视线下。老金磨方近年来进驻了胖东来、KKV、Ole'、全家、7-Eleven、大润发、沃尔玛等多业态线下渠道。金博说："未来渠道方面会更注重'线上线下一盘棋'，双管齐下，齐头并进，才能成为一家成熟的公司。"

对于未来的发展规划，金博认为，供应链、产品研发、渠道拓展、营销都非常重要，是需要进行全产业链布局的一项战略任务，关键是布局的节奏。老金磨方未来会继续优化一流种植基地，建立中式轻补行业标准与科研、智能制造、交易平台、组织与人才等的高地，为实现"从优质原料到品质产品"的全产业链发展打好基础。

第二章 潮流生活是个圈

传承中华文化不仅仅体现在传承唐诗宋词、京剧昆曲,更要体现在与我们生活相关的每一个细节中。随着消费者的文化自信不断增强,复古经典正在成为新潮流。

万物皆可拼

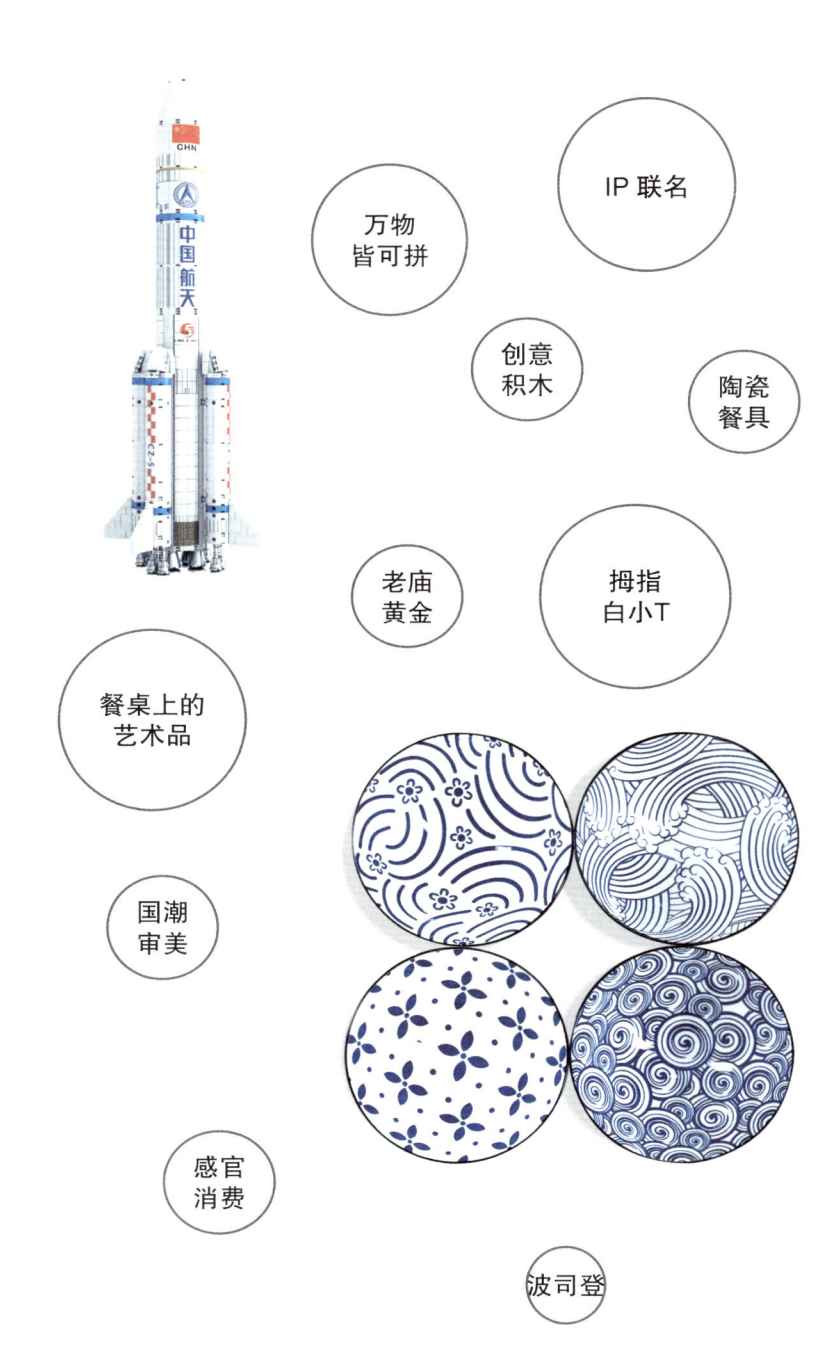

IP 联名

创意积木

陶瓷餐具

老庙黄金

拇指白小T

餐桌上的艺术品

国潮审美

感官消费

波司登

消费新趋势
潮流生活是个圈：态度永不变

潮流正在被Z世代[1]重新定义。从盲盒潮玩到新式茶饮，从医美到街舞、夜跑、飞盘等各种先锋运动，由Z世代引领的潮流趋势正在快速席卷消费市场。他们不再迷信时尚媒体、摇滚明星和奢侈品牌等权威对潮流的定义，会更

---

[1] Z世代通常是指1995年至2009年出生的一代人，又称"网络世代"。

多地从自身所处的环境出发，在社交媒体上勇敢表达自己的主张和观点，创造着独属于他们的潮流文化体系。

成长在国力日益强盛这一时代背景下的Z世代，民族自豪感高涨，更加推崇传统文化，愿意为传统文化买单。微播易发布的《2022年中国新消费品牌发展趋势报告》显示，2011年到2021年，这10年"国潮"相关内容的搜索热度上涨了528%，"国潮文化"相关内容关注度上涨128%，数码、美妆、服饰等领域的国潮话题频频见诸报端。很多刻有经典烙印、一度消失沉寂的国货品牌，经过产品的升级迭代，又重新成了年轻人竞相追逐的潮流事物。

于是，潮流生活就成了一个圈，新鲜事物快速涌现后又逐渐消失，消失已久的事物不经意间又会重出江湖。在服饰穿搭领域，潮流观念的转变尤为明显。对当下的年轻人而言，服饰穿搭早已不是生活刚需，而是他们表达生活态度的载体。潮流不断变迁，而年轻人通过潮流满足社交需求和寻找精神归属的信念从未改变。

一场关于"潮流穿搭"的革命开始兴起。那些沉寂已久的穿搭造型和国货品牌，在被贴上"国潮复古""圈层文化""IP联名"等标签后，裹挟着"潮流"的印记卷土重来。

要温度更要风度

在中国，羽绒服曾一度风靡全国。相比棉袄，羽绒服更加轻便，保暖性能也更突出，成了很多中国人抵御严寒的首选，可以说是承载着一代中国人的温暖记忆。羽绒服面对的用户场景是极寒天气，御寒功能是首要需求，而正是出于对保暖性能的极致追求，很多国产品牌对产品设计并不上心。

> **国货潮起来 生活新方式**
>
> 对于追求个性的Z世代而言，他们已经很难再像父辈那样接受剪裁臃肿、款式老旧的冬日穿搭了。《创造101》节目选手王菊在《国货潮起来》节目中曾表示："我也知道冷，但我更要冷暖自由，我最喜欢的冬日穿搭是羽绒服内搭夏装。"年轻人理想中的羽绒服要能兼顾时尚和保暖双重属性。

面对保暖与时尚这样的双重需求，很多国产品牌束手无策。于是，加拿大鹅、Lululemon、The North Face等国外羽绒服品牌大行其道。

国产服装品牌在2008年前后通过广泛的线下布局模式，迅速占领市场，迎来爆发式增长。但随着居民的消费升级和品位提升，这种粗放的增长模式逐渐失灵，面对日益挑剔的消费者，国货服装品牌逐渐失去了在市场中的位置。直到2018年，这种局面被打破。那一年，中国服装品牌第一次走上了纽约时装周的舞台。

人们惊讶地发现，原来中国服装企业除了在供应端占据着规模和成本的优势，还在不断修炼内功，提升着他们的时尚品位。很多国产品牌不仅注重赋予自身传统文化属性，在产品设计、材质研发、品牌推广、柔性供应链管理和性价比等方面，同样做出了根本性的革新，中国李宁、海澜之家、安踏等众多新老品牌又重新出现在人们的视野中。

在这些服装品牌中，波司登是一个特别的存在，它主打的产品正是羽绒服。**从事这份"温暖的事业"长达40多年的波司登，面对当下年轻人"要轻、要薄、要暖、要时髦"的穿衣需求，潜心修炼，进行了大胆创新。**

波司登舍弃了国内羽绒服品牌只注重保暖而忽视剪裁设计的传统思路。2018年，波司登携手好莱坞演员安妮·海瑟薇、维秘超模亚历山大·安布罗休等人来到了纽约时装周。当这些大牌明星身着中国传统水墨元素的羽绒服从T台上款款走来，驻足在闪烁的聚光灯下的时候，人们对中国羽绒服品牌的刻板印象终于被打破。

此外，波司登对羽绒服的材质也进行了革新。通过对材质的持续研发，波司登结合了风衣与羽绒服两个经典品类的风格和优势，打造出集时尚度和保暖性于一体的"风衣羽绒服"，第一次让年轻人"要温度也要风度"的冬日穿搭需求成为现实，成功地引领了冬日的街头潮流。

传统的新时尚

配饰是很多年轻人表达自己时尚态度的重要载体之一。过去，年轻人往往会选择遮阳又酷炫的蛤蟆镜、嘻哈风格的金属链子，或是能让人沉浸于自己世界的降噪耳机作为日常穿搭的配饰。随着这样的潮流配饰越来越普遍，许多年轻人开始寻求个性，他们中有不少人选择从传统文化中寻找搭配的灵感。

黄金在中国传统文化中历来有着举足轻重的地位，唐代诗人陆龟蒙曾有诗云"自古黄金贵，犹沽骏与才"，黄金也常常会出现在中国人最重视的婚丧嫁娶等场合。

国货潮起来 生活新方式

> 吴晓波在《国货潮起来》节目中曾提到:"在过去,黄金主要用于投资,按克售卖。黄金饰品面向的主要消费人群是中国大妈。因为金饰通常不符合年轻人审美,所以他们很少会选择黄金饰品作为穿搭配饰。"

过去一些国产黄金珠宝品牌曾因为设计保守、创意陈旧而被遗忘,但这些品牌并不甘心,他们不愿失去年轻消费者群体,所以开始努力改变这种刻板印象。他们通过不断地跨界联名,加强自身的文化属性,精准卡位传统文化和现代审美相结合的新兴消费潮流。老品牌演变成为年轻人与传统文化之间的情感连接,最终成为一种新的潮流。

经过不懈努力,越来越多的年轻人开始接受黄金饰品。《2022年国潮珠宝研究报告》显示,2021年中国黄金珠宝行业年零售额为8062亿元,较2020年增长31%,为近6年最大增幅。在中国内地黄金珠宝消费者中,25~34岁年龄层占比高达55%,黄金饰品在年轻群体中的受欢迎程度可见一斑。

2021年冬天，新中式珠宝品牌老庙黄金携手世界文化遗产大明宫推出了联名IP"古韵鸿运升升系列"，第一次将老字号品牌和东方审美进行了深度融合。大明宫是盛唐时期最负盛名的宫殿建筑群，唐朝皇帝中有17位在此处理朝政，有1300多年的悠久历史。老庙"古韵鸿运升升系列"黄金首饰从这千年底蕴中提炼文化内涵，将东方审美通过金饰呈现，甫一面世，即受热捧。**老庙黄金的出彩，正是因为品牌看到了当代年轻人身上高涨的文化自信，即便是配饰，也可以成为他们的时尚表达。**

返璞归真

先锋设计一度是年轻人追逐服饰潮流的热点，日本设计师川久保玲、森永邦彦等人正是借此声名远播。以川久保玲为例，她作为时尚圈有划时代意义的设计师，一生都在为实验性服饰设计而奋斗，创造着比时装界流行趋势超前许多的概念服装，这为她赢得了无数拥趸。

然而，标新立异的服饰虽然是一些年轻人追求的个性表达，但还有许多年轻人不愿被先锋的服饰设计疯狂内卷，在他们的眼里，返璞归真也是一种潮流，这代表着一种简单、纯真、自然的生活方式。

"少年感"正是这种返璞归真潮流的一种新表达。

> **国货潮起来　生活新方式**
>
> 《国货潮起来》节目中，脱口秀演员庞博说梁启超一百多年前在《少年中国说》就提到了"少年"的概念。少年们往往不需要纷繁复杂的服饰搭配，一件简单的白色T恤就可以传达他们积极向上的生活态度。这种白T就如同曾随着电影《志明与春娇》一同火起来的格子衬衫一样，虽不是非常显眼的单品，但却流露出简单经典的浪漫，被越来越多追求"少年感"的潮流青年所喜爱。

专注白色T恤的服装品牌"拇指白小T"以"找回我自

己"为理念，致力于做最简洁的白T恤。创始人张勇讲述一朵棉花如何成为一件成衣的视频在抖音爆火，人们被白小T背后返璞归真的潮流气质所打动，直接创造了"1条视频带动250万件销量"的神话。

当然，**拇指白小T所做的事情不仅仅局限于传递一个品牌理念，他们还对服装面料工艺进行了深入研究**。白小T的T恤面料都经过了特殊的工艺处理，在面料中加入了一种可以吸能、储能和放能的材料。这种防水黑科技的运用，让脏污无法在衣服表面附着，从而使白T始终保持洁白无瑕，让"少年感"始终陪伴潮流青年。

在这个社交媒体兴盛的时代，多元化的商业模式和消费场景被加速呈现，服饰穿搭潮流也正发生着剧变。我们欣喜地发现，许多默默无闻的国货服饰品牌看到了国内中产阶级的崛起，看到了Z世代快速变化的消费需求，于是他们在产品研发、设计创新、品牌营销等方面进行着艰难的变革，努力想要被当下的年轻人看到。

但是，真正做到行业领先，能与国际大牌相抗衡的国货服饰品牌并不多。潮流的背后，是社会文化、生活方式、审美取向乃至时尚话语权的更迭，每一次潮流的变化都是各方博弈的结果。对国货品牌而言，手中掌握的话语权目前还远远不够，还要继续挖掘那些植根于群体记忆深处的潮流理念，提升自身的潮流属性，寻求在年轻群体中的时尚共鸣。

万象更迭，潮流始终在变，但年轻人追求个性的态度周而复始，从未改变。国潮的风已经吹来，国货服饰品牌的未来，是星辰大海。

新国货方案
森宝积木:小积木,大情怀

2019年春节档,根据刘慈欣小说改编的同名电影《流浪地球》一炮而红。影片讲述了2075年面对即将毁灭的太阳系,人类共同努力带领地球一起寻找新家园的故事。这部带有独特中国烙印的科幻影片上映后受到观众热捧,票房高达46亿元。

电影大爆之后,受"万物皆可拼"的理念启发,玩具企业森宝积木敏锐地捕捉到了其中的机会。彼时专注于IP自主研发的森宝,找到了《流浪地球》的版权方,经过多方努力之后,拿下了《流浪地球》的IP授权,决心开启一个新的业务方向。

两个月后,森宝结合《流浪地球》的电影场景及载具而研发的系列积木产品进入了市场。联名积木甫一面世,就迅速走红,森宝积木也因此成了最火的国产积木品牌。

绳锯木断,水滴石穿,经过近20年的蛰伏和不懈努力,森宝这家来自广东汕头澄海的玩具厂商,终于在积木这方天地里找到了适合自己的路。

迭代商业模式

森宝成立于2003年,最初以生产塑料玩具为主。2010

年开始，国外玩具厂商结合知名动画IP推出的拼接积木在国内逐渐流行。中国玩具和婴童用品协会发布的《2021年中国玩具和婴童用品行业发展白皮书》显示，2020年全国玩具零售规模为779.7亿元，比2019年增长2.6%。其中，购买拼插积木类玩具的消费者最多，占比16.2%。

由于缺乏市场竞争，国外玩具厂家普遍定价高昂，超出了很多普通家庭的消费能力。面对巨大的消费市场，森宝决定从塑料玩具转型进入拼接积木领域。一开始，森宝采取的是小规模快速迭代的经营策略，依靠低价迅速提升市场份额。但是好景不长，由于产品和配件的技术含量相对较低，随着大量同类型厂商的进入，产品同质化现象越来越严重，森宝面临越来越激烈的市场竞争。

2017年，森宝开始尝试打造原创IP——黑金计划。黑金计划设计了包括正反派队长雷霸和S先生在内的众多动画形象，这些性格鲜明的形象深受广大积木玩家的喜爱，但是由于原创IP的知名度有限，出圈效果并不尽如人意。

于是，森宝试图寻求通过IP联名来摆脱产品同质化的困境，《流浪地球》的爆火让森宝看到了机会。影片突破了超级英雄拯救世界的叙事套路，传递出的亲情观念、奉献精神、故土情结和合作理念更容易让人产生精神共鸣。森宝积木总经理林泽哲表示："《流浪地球》制作精良，剧情引人入胜，和过往的好莱坞科幻电影很不一样，它带有很深的中国烙印。电影中的载具、枪械等，都非常适合用积木砖来还原，因此我们找到了版权方，探讨合作开发积木产品的可能性。"

获得《流浪地球》的授权后，森宝的研发团队对电影中出现的交通工具、航天器等各种设施进行了还原，两个月后，相关产品陆续问世，一炮而红。在林泽哲看来，这主要受益于国潮风的兴起。森宝逐渐意识到做有中国文化烙印的产品最能迎合当下的消费需求，这也是未来森宝产品研发的主要方向。

流浪地球联名IP产品的成功，成为森宝IP合作业务的开端。2020年，森宝积木获得了中国第一艘自主建造的国产航空母舰山东舰文创的独家积木授权，随后又陆续拿下中国航天、航空、火箭军、中船文创等的IP授权，还与《三体》《灵笼》和小伶玩具等IP达成了合作。目前，森宝积木已经拥有大国重器、影视IP、文化文创、灵感创意等多个产品系列，产品矩阵初具规模。

为了更好地了解玩家们当下关注的IP，森宝的产品开发人员会定期和积木圈子的KOL（Key Opinion Leader，关键意见领袖）进行沟通，对于具有开发价值的IP，森宝会主动寻求版权合作。随着累积的IP数量逐渐丰富，森宝的IP联名产品开发模式日臻成熟，也逐步构建起了独特的"护城河"。

有业内人士评价森宝："在积木行业中乐高向来独领风骚，国内产品同质化非常严重，需要靠低价来攫取市场份额，然而森宝通过对商业模式的持续迭代升级和对中国文化的精准把握，走出了一条差异化发展道路，在国内积木厂家中俨然已经脱颖而出。"

拥抱Z世代

国内积木行业长期品牌缺失，积木企业在面对乐高等国外品牌的竞争时，很难占据优势地位。在林泽哲眼里，国产积木品牌缺失，主要是因为对目标客户群体没有清晰的认知，往往热衷于追逐热点，缺乏系统性的产品规划和品牌建设。

积木的目标客户群与过去相比，发生了巨大的变化，尤其是拼接积木，早已不再是小孩子的专属。积木拼接过程中需要的专注感和拼接完成后带来的满足感，逐渐成为年轻人工作之余的解压利器。那些制作精良、带有潮流特征和收藏价值的积木，越来越受到年轻群体，尤其是Z世代的欢迎。

"玩具行业未来的发展，很大程度上取决于对'玩具'内涵的正确认知，"林泽哲认为，"在积木产品研发过程中，过去厂商们通常基于对市场的主观判断，关注度很少放在客户群身上。但是，今天这种研发策略已经过时，只有更多地基于消费者的圈层文化打造产品，才有望在激烈市场竞争中获得一席之地。"对Z世代年轻人需求变迁的剖析和跟踪，森宝无疑走在了前头。2019年的流浪地球系列和2020年海、陆、空、航天文创系列产品的大获成功，森宝在与年轻人的互动上表现得越来越熟练。

通过对销售数据的比对分析，林泽哲和他的团队发现有很多消费者在社交媒体上将森宝积木与流浪地球、军事题材进行了强关联，这些聚焦于中国文化的积木产品，销售数据要远远好于其他产品。以山东舰为例，作为我国首艘自主建造的航空母舰，山东舰是大国重器的典型代表，也是凝聚民族自豪感的一个典型载体。森宝积木以此为原型，推出了军事文创产品"山东舰"，这款产品的购买主力并不局限于军事爱好者，还受到了Z世代年轻人的普遍喜爱。

林泽哲表示："Z世代逐步成为消费主力，这些出生在综合国力突飞猛进的年代的年轻人，高度推崇传统文化，拥有很强的民族自豪感，他们个性张扬，消费欲旺盛，因此，以中国文化为题材的国潮消费品受到了年轻人的追捧。"

随着主要受众消费观念的快速变迁，森宝也确定了"用积木诠释中国文化"的品牌定位。在森宝看来，中国文化并不局限于传统文化，只要有丰富的内涵，科幻、军事等题材都可以是讲述中国故事、凝练中国文化的载体。下一步，森宝将以中国文化为载体，以引发年轻人情感共鸣为诉求，做优做强军事系列产品，同时继续和优质IP进行联名，开发历史文明、国产游戏、城市风貌相关主题的系列创意积木。

优化供应链

随着企业不断发展壮大，森宝对积木品质提出了和过去不一样的要求。无论是流浪地球系列还是大国重器系列，为了保证产品的还原度，森宝对零部件的种类品质都有着极高的要求。以"山东舰"为例，该产品大约需要使用1000多种不同的实物零部件，除了通用件，还有一些需要依靠特殊模具进行制作的特殊件。

目前森宝积木的零件根据颗粒体积不同，共分为中颗粒、小颗粒、微颗粒、科技件四种，分别对应的是1~6岁、6~12岁、12~18岁、18岁以上的用户群。目前森宝拥有超过4500种模具，可以满足大部分通用件的生产制作，同时森宝也会应新系列的开发需求持续开发新的模具。林泽哲表示："目前森宝拥有170多名研发人员，其中相当一部分研发人员专门从事模具的研发工作。现在国内积木的模具成本大约为每个5万元，海量的模具需要投入大量资金。为了提升产品还原度，森宝几乎是在不惜代价地进行投入，每年研发费用占比都超过了10%。"

除了模具的种类，消费者对零部件的精度要求也在提高。拼接积木最大的特点是用户对颗粒公差的要求非常高，零部件过松或者过紧都会影响手感，进而影响积木拼接体验。尤其是成年用户，他们喜爱的高阶产品颗粒更小，配件与搭建难度更复杂，非常考验设计功底和模具精准度。

为此，森宝依靠顶尖的科研创新人才和研发技术团队，对零配件供应链体系进行了持续的升级，实现原材料、模具、生产机器的标准化，通过对模具反复打磨，逐步实现精密生产。目前，森宝配备了24小时自动化生产车间，截至2021年年底，森宝的积木颗粒年产量大约在100亿颗。同时，依靠自动分包和检测系统，生产线可以自行将问题零件筛选出来，保证了产品出厂品质。林泽哲表示："森宝积木在产品的生产、设计、用料、光泽、公差控制等维度上，均达到了国内领先的水平。将森宝的零件与国外尖端产品进行盲测，普通消费者也很难感受到差别。"

通过对供应链的持续研发和生产投入，森宝拥有了强于国内竞争对手的生产模式，甚至有了和国际知名品牌竞争的底气。如今的森宝，早已摆脱了过去局限在儿童积木领域参与竞争的尴尬局面，凭借着在供应链环节的突出优势，持续扩大在受众群体中的品牌知名度，市场占有率也在不断提升。

营销玩法大升级

在山东省博物馆的展厅里，有一艘由60万颗积木颗粒搭建而成的山东舰航母模型，形态逼真，气势恢宏，不时有参观者驻足观看，啧啧称奇。

这款航母模型由森宝积木向山东省博物馆捐赠，也是森宝进行场景化营销的一种呈现方式。除此之外，森宝还向中国革命博物馆捐赠了山东舰航母002编号产品。林泽哲表示："山东舰模型积木具有特殊纪念意义，是中国军事文化和民族情感的重要载体，所以森宝向相关博物馆进行了捐赠，博物馆陈列展示积木模型也给我们带来了一定的品牌曝光度。"

近两年来，森宝对场景化营销的运用也日益成熟。

2021年7月，森宝积木参与了航天文创在深圳举办的航天艺术展。在展会上，森宝打造了一个航天积木沙盘，对长征五号的积木模型进行现场拆解，寓教于乐，好评如潮。

"酒香也怕巷子深"，为了让积木更好地触达消费者，除了场景化营销，森宝的直播、社群运营等新玩法也层出不穷。受疫情影响，森宝的外销业务流失率超过了15%，但内销却得到了较大幅度的提升。疫情期间人们居家时间增加，不少家庭开始重拾积木游戏，森宝积极进行直播带货，目前直播销售额在其线上销售额的占比超过了20%，流浪地球和山东舰系列产品在直播间非常受欢迎，直接促进了森宝内销额的快速提升。

线上渠道方面，森宝积木抓住近两年社交电商崛起的风口，进驻了抖音小店、拼多多、小红书、得物等本土特色营销渠道。此外，森宝也积极布局线下渠道。目前，森宝的线下渠道以经销为主，同时也与一些精品潮玩渠道达成了合作协议，逐步形成了"线下渠道、传统电商、社交电商"三足鼎立的营销新格局。

2021年，森宝在广州设立了品牌营销中心，工作重心从IP引领逐步过渡到品牌和IP双驱动。在不断接洽新的优质IP资源的同时，森宝也通过举办积木爱好者设计大赛等形式，签约优秀的独立设计师，积累属于自己的设计力量，推动产品创新和迭代。林泽哲说："过去森宝和很多国产品牌一样，以爆品思维来进行产品规划，虽然在短期内取得了较好的收益，但长期来看很难形成品牌沉淀。每一次新产品上市后，几乎都要重新进行一遍营销，造成了营销资源的浪费。如今我们将产品研发的重点放在了Z时代最关注的中国文化上，下一步，我们将逐步尝试单品串联营销，以此深化品牌形象，提升品牌价值。"

通过坚持不懈的线上和线下推广以及场景化营销尝试，森宝逐渐累积了一批拥趸。为了提升用户体验，森宝规范了社群运营体系，其各平台的官方账号会根据平台的不同特性来输出相应的品牌内容，通过打造有趣的线上内容来吸引粉丝，再围绕产品话题建立粉丝社群，日常加强私域社群的客户导流，并定期开展群内福利活动以维持用户黏度，在培养种子用户群的这个过程中，社群中也会自发产生内容，进一步增加用户黏性，提升用户留存率。林泽哲认为，过去品牌与用户之间单纯的"供需关系"已经落伍，两者之间的关系已经逐渐演变为"共生关系"，甚至是"共创关系"。

2022年2月，森宝积木完成了A轮融资，投资方是阿里巴巴、头头是道基金和弘晖资本。林泽哲表示，资本的关注意味着国产拼接积木赛道大有机会，未来森宝将继续专注中国文化，打造优质积木产品。

小小的中国积木，肩扛传播中国文化的使命，森宝的征途，应是星辰大海。

春游计：千年瓷器蝶变记

2021年7月，一款拉面碗在天猫店上线，首月销售量轻松突破5万。陶瓷餐具这一传统赛道出现了许久未见的爆品。

这是一款以"宋代耀州窑刻花菊瓣纹碗"为原型设计的斗笠拉面碗，因倒置过来形似斗笠而得名。问世之前，它一共经历了长达22小时和高达1300摄氏度的高温煅烧，瓷质紧密厚实，釉面晶莹剔透，碗底则印有青花图案，古朴雅致，风格治愈。

斗笠拉面碗是陶瓷餐具品牌"春游计"的第一款产品，春游计的创始人吴诺箫是一个90后。从16岁那一年走进景德镇陶瓷大学开始，他在瓷器行业已经浸润了将近15年。"我们希望春游计能传承中国千年瓷器文化，同时也能成为当代中国年轻人餐桌上的第一套设计餐具。"吴诺箫这样形容自己的创业初衷。

沉淀

景德镇原名"昌南"，地处江西东北低山丘陵区与鄱阳湖平原的过渡带，昌江水自北往南缓缓流过。在今天的景德镇市浮梁县高岭村，当地有一种泥土质地松软、洁白细腻，在古时就被人们发现具有良好的可塑性、耐火性等优良性状。从南北朝时期开始，人们尝试用这种名为"高岭土"的土壤制作瓷器，景德镇制瓷业的序幕由此拉开。

公元1004年，宋真宗赵恒在经历数月兵戈铁马后，与辽国缔结了"澶渊之盟"。为了庆祝来之不易的和平，他将年号改为"景德"，并下令由昌南镇用高岭土烧制一批瓷器以示庆祝，昌南镇也因此更名"景德镇"。

在一些西方学者眼中，景德镇是"世界上最早的工业城市"。传说景德镇的瓷器烧制要经过72道工艺，对应着72个工种，每一个工种只负责一个环节，因此被视为是世界上最早实现工业化的一项工艺。工业化带来的高效率造就了景德镇千年的辉煌——工从八方来，器成天下走。景德镇的制瓷业历经千年，经久不衰，大量的瓷器顺着滚滚而下的昌江水销往世界各地。

时间的沉淀是这座城市的一种骄傲。

现在，景德镇还保留着一些红砖厂房，通过那些老式烟囱和红墙上的劳动标语，人们仍然可感受到昔日的工艺荣光。

吴诺箫16岁考入景德镇陶瓷大学，就读于陶瓷艺术设计专业，在专注于研究现代青花瓷的老师干道甫的熏陶下，开启了自己的陶瓷研修之路。大学毕业后，吴诺箫成立了自己的窑口，主做艺术品瓷器。之后又在云南大学攻读艺术学理论硕士，师从"玉溪窑青花烧制技艺代表性传承人"吴白雨，吴诺箫读研期间参与复烧了早已失传、断代的云南玉溪窑青花。

历经多年的理论学习和实践，学有所成的吴诺箫循着无数景德镇先辈工匠的足迹，重新回到这座中国最早的手工业移民城市，像一代又一代的"景漂"那样，在这里继续自己的瓷器修炼之旅。回到景德镇后，吴诺箫继续从事陶瓷艺术品和瓷板画创作，之后又围绕高端茶具开始创业。

转变

景德镇历来以生产官窑瓷器为主,在艺术造型和审美表现力方面首屈一指,但也正因如此,景德镇瓷器的目标受众并非普通大众。在吴诺箫看来,得益于对艺术造诣的重视,景德镇的氛围天然地适合孕育高端瓷器。从事艺术品瓷器和高端茶具的创作和生产的人可以更好地在景德镇生存。但是,学生时代参与复烧玉溪窑青花的经历,在吴诺箫心中埋下了一颗烧制生活器皿的种子。

玉溪窑青花始烧于宋元,后逐步衰落,技艺失传。接到复刻玉溪窑烧制技艺的任务后,吴诺箫通过研究玉溪窑的工艺、用料、绘画技法和历史沿革,逐步意识到哪怕是在边陲地区,古代先民对瓷器也有着非常旺盛的需求,而正是这种持续不断的需求,推动着瓷器烧造工艺的演化和进步。

吴诺箫表示:"在我心中,陶瓷的价值不仅仅是传承历史和文化，同时它也是一种生活器皿，千百年来在中国老百姓的生活中扮演着重要的角色。我希望人们对陶瓷的认知不仅仅停留在博物馆中，也能看到它身上所承载的丰富的生活内涵，这也是瓷器保持旺盛生命力的原因之一。"

意识到"普世性创造生命力"的吴诺箫，从2018年开始决定将主攻方向转向生活器皿。"对我们来说，这是一个全新的领域，过去也没有可以参考的成功案例。国外有梅森之类的奢侈品牌，但是国内陶瓷餐具领域却从来没有诞生过一个知名品牌。"吴诺箫表示。

究其原因，大致有两个方面：一是消费者普遍关注的是餐具的实用性，对于瓷器的审美价值缺乏认知；二是不同于作为艺术品的瓷器，陶瓷餐具作为面向大众的耐用消费品时，通常只重视功能属性，如何将它的审美属性和功能属性有机结合起来，对于创业者而言是个很大的考验。

试水

确定创业方向后,吴诺箫很快锁定了目标客户群,分别是独居青年、年轻情侣和新婚夫妻,他希望能将春游计打造成为年轻人餐桌上的第一套艺术餐具。所谓艺术餐具,是指餐具不仅要满足实用性需求,同时也需要兼具艺术审美价值。

春游计团队经历了多轮探讨,最终选择将斗笠拉面碗作为导入产品。吴诺箫表示:"选择拉面碗,是因为看到了它的实用性,中国地大物博,饮食习惯也不尽相同,但无论是'南粉'还是'北面',都需要用到一只大碗。并且随着拉面、螺蛳粉等网红方便食品的出圈,越来越多的年轻人需要一个大容积的碗。此外,注重健康、喜欢吃轻食沙拉的年轻人以及热爱煲汤的养生达人,都可以用到这个拉面碗。"

为了进一步提升实用性,春游计团队对产品进行了升级：将碗口直径延长至20.7厘米，增加了拉面碗的容积；提高底座和纵深的尺寸，使其大于一般的家用碗，提升防烫隔热效果；碗身采用放射状条纹设计，改善防滑功能。除此之外，吴诺箫和他的团队还运用釉下彩工艺，对颜料进行了有效隔离，不仅让图案能保持稳定不变，还可以确保产品安全环保。

在设计端，经过反复比较和筛选，春游计团队最终选择了致敬宋代耀州窑青瓷的代表作——青釉刻花菊瓣纹碗。拉面碗碗心以一朵团花为中心，向外放射状地刻出一片片菊瓣纹，布局疏朗，线条柔和，配色选用蓝白两种颜色，色调悠远，古朴大方。这种设计不仅是古时耀州窑的能工巧匠们钟爱的造型，也很符合当代年轻人的喜好，可以看作是古人和今人之间一种跨越时空的共同审美取向。

吴诺箫表示："不仅是斗笠拉面碗，春游计每一款餐具的纹样设计都会经历几十稿反复修改打磨，设计师团队注入了大量时间和心血，我们希望能实现传统审美和现代需求的两全。"

生产

一只青花瓷碗从胚土到成型，要经过压坯、修坯、补水、素烧、压印花纹、手工描边、施釉、起底、高温烧制、磨底等十多道工序，工艺十分复杂。吴诺箫选择了博采众长，将景德镇高超的传统工艺和潮州先进的机械生产线进行融合。

景德镇有着悠久的制瓷历史，官窑基因让景德镇瓷器的审美表现和产品品质长期保持领先水准，但官窑瓷器的烧制更看重的是手工艺水平，对于工业化的重视有所欠缺。这座中国最早的工业城市在从手工业向工业化转型的过程中没能跟上步伐，发展逐步失速。

与之相对应的是，潮州瓷器在古时就随着海上丝绸之路远销海外，历史悠久，需求庞大。当地非常重视陶瓷产业的建设，如今已经形成了陶瓷产业集群，工业化水平高，规模和质量均有保证，生产的瓷器销往海内外60多个国家和地区。考虑到大众餐具需要具备一定的性价比，并要有潜在需求，所以这类产品的生产线应当选择工业化水平较高的地区，既可以控制成本，也可以实现标准化快速生产。

于是，在景德镇不适合量产的情况下，春游计团队想到了潮州。他们选择将景德镇作为设计研发中心，而将生产基地设在了潮州，春游计也因此得以汲取两个"瓷都"的精华。景德镇和潮州这两个新老"瓷都"就此开始了一次崭新的奇遇。

吴诺箫非常庆幸这样的前瞻布局："创业之初，由于对产品销量还不够确定，我们更多的是依赖过往积累的资源，找到潮州当地的工厂进行少量的订单式生产。如果短期内产品需求快速增长，我们也可以借助当地高度产业化的瓷器生产线，做到应对自如。"

问世

2021年7月,春游计天猫旗舰店正式上线,消费者对餐具产品的接受度成为春游计团队最关心的问题。

"在产品上架前,我们团队内部关于定价策略有过非常激烈的探讨,拉面碗最终单价定为29.9元,这个价格远远高于市面上同类产品每个15元左右的价格。因为我们采用了高温强化瓷,耐用性远远超出普通的中低温瓷器,成本高昂。但是消费者对瓷器品质的认知几乎是空白的,因此我们一度非常担心消费者对高品质餐具的接受度。"吴诺箫表示。

春游计面临的另一个更大的难题是"表达语境"的变化,吴诺箫原先擅长的艺术品瓷器表达逻辑并不适用于餐具。尽管春游计的设计团队从传统文化中提炼出了多个审美意象,主产品线植物治愈系列选取了星叶、菊染、云畔、花祀、云羁、欢游这六款花色,但是消费者的接受度还是未知的。

不过市场出乎意料地给出了良好反馈。上线首月,在头部主播的直播间里,春游计的拉面碗几度被抢购一空,单月销量突破了5万,GMV(Gross Merchandise Volume,商品交易总额)在300万~500万,春游计团队大获成功。

在吴诺箫看来,拉面碗受到市场认可的关键在于对目标客户群体的精准定位。在消费升级的大背景下,年轻群体对高品质且蕴含审美情趣的餐具有很大需求,而且这种需求会随着良好的消费体验逐步增加。但是,餐具行业还没有品牌可以承接这种需求。"目前,春游计的复购率超过五成,很多年轻人会先买一只碗进行体验,随后会根据自己的喜好复购其他花色,很多消费者甚至会配齐一整套餐具,在不同生活场景使用不同的餐具,赋予生活更加庄重的仪式感。"吴诺箫说。

随后,春游计又推出了定位更加高端的抗菌系列产品,通过在瓷器烧造过程中添加银离子制成抗菌陶瓷制品，在用设计传递情绪价值的同时，进一步提升了产品品质。吴诺箫相信，消费升级的需求始终存在，今天的年轻人不会像上一辈人那样，把锅碗瓢盆视为简单的耐用消费品，而是会追求更极致的生活体验。

除了C端的受众，声名鹊起的春游计凭借过硬的产品品质也收获了苏州银行等很多企业用户，目前也已经实现了根据企业需求进行定制化生产的商业模式。

愿景

餐具品牌化是一条前人没有走过的路。在陶瓷行业浸润了15年之久的吴诺箫，深知肩上的责任："我希望每当人们提到瓷器的时候，不只是想到博物馆中的藏品，还能通过春游计的餐具，知道这项古老的技艺也在我们的日常生活中扮演着重要角色，穿越千年，历久弥新。"

2022年，春游计将推出第二个产品系列——中国色系列，灵感来源于吴诺箫在景德镇时期制作纯色釉茶具的经历。他表示："中国传统色谱中有很多调性庄重又寓意深远的颜色，比如鹤灰、赭红、藕荷等，这些色彩和雅致的茶具实现了完美结合。现在我希望能用中国色去赋予餐具同样的文化内涵。"

根据就餐场景、食物类别的不同，春游计还计划推出新的餐具品类，逐步完善产品矩阵，为更多的年轻人创造生活仪式感。渠道方面，在继续运营社交电商、搜索电商的基础上，春游计将逐步增加自播比例，同时将开拓线下渠道，进驻家居生活馆、精品文创店等线下门店，让产品触达更广阔的人群。

景德镇，从汉代开始制瓷，兴于宋代，全盛于明清。千百年来，无数能工巧匠顺着昌江水来到这里学艺，历经艰辛，学成之后，又从景德镇启程，顺着江水而下，将制瓷技艺带向远方。吴诺箫沿着这些先辈的脚步，带着在景德镇习得的技艺，来到杭州创业，与这里发达的电商产业优势融合，让古老的瓷器焕发了新的生命。

景德镇的窑火熊熊燃烧了千年，陶瓷技艺在一代又一代能工巧匠的传承中，经受住了泥与火的考验。

而吴诺箫和春游计的征程，才刚刚开始。

第三章 一人时代

一人时代指个性独立的时代已经到来。独居生活成为越来越多人的选择,孤独经济、陪伴经济、情感消费逐渐兴起,为消费市场带来了新机会。

AWHITE

创意
电气

独居
生活

家居审美
跃迁

个性化
生活方式

理想的
简餐

预制
菜品

小众
消费

立白

消费新趋势
一人时代：更"我"一代的选择

  一人时代其实意味着人们对更高生活品质的追求，以及更有态度的生活方式。

  正如吴晓波老师所说，一人时代是自由。大家能选择自由需要有三个前提：第一，财富是自由的，有一定经济基础；第二，身体是自由的，健康；第三，思想是自由的。这三个前提满足之后还会产生孤独感，人是需要陪伴的。所以，我们看到萌宠时代的兴起，我们看到手办、潮玩的兴盛。

一人时代无疑代表着更加自信、独立的潮流生活。

这样一个消费市场带来了新的商业机会。脉脉数据研究院联合小猪短租共同发布的2017年度职业数据白皮书《孤独经济》显示，57.69%的独居青年会为排解孤独而消费，消费人群中高达41.57%的人表示每个月将花费1000~3000元。一方面，初入社会的年轻独居人士需要一系列简单但不简陋的生活解决方案，性价比高又有颜值的产品非常受这类消费人群的喜爱。另一方面，还有一部分"成熟"的独居人士，他们已经有一定的经济基础，有稳定的审美和价值取向，他们是消费升级的引领性群体，也是中高端国货品牌特别希望争取的用户。

相对而言，乐于分享的独居人士，也更加乐于为品牌附加值买单。即便是价格敏感型的年轻独居人士，在某些具有社交属性的产品上,也是乐于投入的。一人时代最有可能突破"性价比"这个瓶颈,为新品牌以及新的想法带来商业机会。

独居的情绪价值

2021年的《中国统计年鉴》中的相关数据显示,中国的独居人口超1.25亿,接近日本总人口。

大部分中国的年轻人在毕业之后都会经历一段与房子"纠缠"的时间。比如,遇到不靠谱的室友、随时会赶人的房东和没有信用的中介,年轻人初入社会的很多"教训"都与房子有关。这也催生了跟房产密切相关的稳定心理:如果你有一个属于自己的房子,奔波感、不确定性,甚至被社会"毒打"的概率能不能减少?房子对于很多年轻人来说,是进入社会的第一个锚定点。但是,与房子相伴的幸福指数是否真的与所有权挂钩呢?

大部分人可能需要很长一段时间的努力才能拥有一套自己的房产。在这之前，在租房这个限定条件下，让自己拥有稳定和舒适的生活，也是当下年轻人除了健身、节食、约会等社交话题之外，最时髦的"标签"。我们可以看到社交媒体上海量的"老破小"改造视频，也可以看到当下"大女主"人设的一个重要内容：一个女孩如何用30天改造出租屋，让它成为ins风住宅。各种改造前后的对比照片传递了一个强烈的信息：事在人为，即便租来了一个猪圈，我们也可以把它改造成花园。住得体面不再仅仅是靠金钱才能解决的事情，年轻人发挥主观能动性也能达到这个目标。

> **国货潮起来　生活新方式**
>
> 在《国货潮起来》中，歌手姚伟涛分享了自己一个人来到上海打拼的租房经历，他租过8次房子。当他把租来的房子打扫干净，铺上桌布，买束花，摆弄好灯光的时候，这个房子便充满了他的个人趣味、喜好，沉淀了他的时间，承载了他的生活。在这里我们找到了安定感和幸福感的根本：有时候未必是资产，而是一种心理状态。家开始变成一种情绪价值，而不再是财富数字，或者一个房本。

当下的国货品牌也提供了限定条件下的可能性解决方案。比如，买一个德力西与颐和园IP联名的排插，便可以解决扫地机器人充电的问题，或者猫食盆加热的问题。人们不需要去改造电路，便可以拥有同等便捷的生活。年轻一代告别了将就，他们更加注重当下的生活与体验，会更有创造性地面对生活。并不是拥有了很高的收入，才有资格去追求生活品质。花点心思，我们便可以在有限的条件下，获得一个有尊严感的生活体验。

更细分，更讲究

在《单身社会》一书中，作者克里南伯格将"单身社会"视为一种社会发展到一定阶段的产物，尤其强调"独居"这种更偏重生活方式的选择。根据他和团队的调查，在美国，有1/7的成年人选择独居生活，所占的比重超过核心家庭（三口之家）。而独居人口排在前4位的国家分别是瑞典、挪威、芬兰和丹麦，这些都是经济高度发达的国家，在这些国家中将近40%到45%的住户是独居者。可以这么说，越是发达社会，社会对个体的支持越健全，独居的人群就越多，因为他们更加有条件过不将就的生活。

如果你生活在19世纪，可能需要一个厨师、一个杂工、一个女仆才能保证一个人最基本的舒适生活。

但是现在，你只需要各种家电，或在手机App上下单家务上门服务，像洗衣服这样烦琐的家务事，也随着消费洞察的深入变得越来越便捷。我们大部分人对于洗衣清洁用品的最早记忆都是洗衣粉，它不易溶解，又伤衣物，随后出现了洗衣液，但缺点就是全凭手感，无法掌握用量。**现在，不必纠结该放多少，随手扔一颗立白浓缩除菌柔顺洗衣凝珠在洗衣机里，就能让一堆脏衣服变得清香怡人。**

这类微小的创新越来越多地出现在新国货品牌中，商家对细分市场有了更深入的洞察，推出各类细分产品，某种程度上让我们过得比19世纪的庄园主还舒服。甚至，都不需要伴侣或者孩子，我们的家庭成员可能只是一只猫或者狗，情感需求都可以基本被满足。

> **国货潮起来　生活新方式**
>
> 在《国货潮起来》中，作为猫奴的歌手马雪阳，推荐了一款智能猫砂盘，养猫最麻烦的铲屎都变得不再麻烦。国货在消费领域的精进带来的不光是生活的便利，而是更进一步，让人们可以舒适地享受生活。

独居生活在某种程度上，可能意味着更高的生活品质。尤其是近年来，满足"懒人经济"需求的国货产品已经达到了品质与效率的齐平。中国是历史悠久的美食大国，特别讲究"现做现包"，但是，在如今这个连做饭时间都最好省掉的时代，只有在某些节日的特殊场景之下，大家才会履行剁馅、擀皮、包饺子这样的流程，滋味之外也吃个热闹。

目前有理象国这样的品牌，洞察到消费者对于品质生活的追求方向其实是具有"情怀"的，更加强调某种记忆

中的体验，比如小时候街边小摊的葱油饼，或是很久以前的一碗老麻抄手。除了情感诉求以及童年滤镜之外，火候、新鲜度、食材原产地、食物品质这些细节也是人们追求的美食的本质。

理象国用工业化的手段去还原"现包现做"的滋味。备好的馅料要求必须在2小时内包完，采用零下35摄氏度急速冷冻技术，锁住点滴滋味；北纬41度的巴彦淖尔河套面粉制成的面皮，口感爽滑劲道，麦香自然；油辣子料包也包含三种辣椒：二荆条辣椒爆香、子弹头辣椒上色、新一代辣椒提辣，以产品细节上的各种考究来实现"一顿理想的简餐"。专业主义走到最后是对于细节的精益求精，而新国货品牌在专业度上的这种追求，最后的受益者还是消费者。终于有一天，我们不再需要为了吃一顿好的，大费周章了。

越圈层，越出圈

在一个智能手机时代，大部分人的业余时间其实都是跟手机待在一起的（有配偶的也可以观察一下，对方看手机的时间是不是比看你的时间多），大脑被各种"八卦"占满。虽然人们独自生活在世界的不同角落，但实际上通过社交媒体，我们几乎可以参与全世界各种大事。所以，独居生活怎么可能会寂寞？

而且随着圈层化越来越明显，一方面我们可以看到彼此的联结变得十分便捷，但另一方面，我们建立亲密关系的过程，甚至沟通本身，却并没有随着即时通信工具而变得更加容易，反而越来越困难。

可能在某个圈层很红的产品，在另一个圈层的人都没有听说过。

> **国货潮起来 生活新方式**
>
> 在《国货潮起来》中,李棒棒推荐了一个名叫AWHITE的奢侈品级别的毛绒玩具品牌,以柔软雕塑为理念,通过匠心工艺做出抚慰人心的毛绒玩具。它不像玲娜贝儿和乐高,动辄几千元的售价,可能只是在某类消费群体中获得热捧。但是没有关系,即使不在某个圈层中受到追捧,依然会有AWHITE的固定粉丝不断买买买。AWHITE的创始人在社交平台上没有介绍自己的产品多厉害,而是展示了自己多样的才艺,比如打碟等等。但或许这正是AWHITE的受众的生活方式。

当大部分人在聊小众消费时,其实意味着这些产品已经出圈了。当然,可能大部分人依然不会去买一个奢侈品级别的毛绒玩具。但类似这样的购买理念已经传递给了消费者,可能在将来他们会去买一件小众品牌的T恤或者一幅艺术家的版画。大家都逐渐用购买理念建立了自己的话语体系,在这个体系中,不需要去说明我为什么和你不一样,因为个性本身就是一个通行规则,并且依据这样一个不同的自我,我们可以建立自己的完整世界。

新国货时代，我们的可选择产品越来越丰富，这些产品帮助我们解决了大部分生活琐事。不仅如此，假设支付一定的成本还可以获得更加专业的解决方案，这个时候，可能大部分消费者都会选择支付，从而更加深入自我，去探寻"我是谁""我真正需要什么"这样的问题，也能更加了解"我与世界的关系"。

李康林的《新消费时代》一书曾指出，当人类社会的最小组成单元逐步由家庭转为个人时，所有人都要为自己设置独特的标签，单靠那种对泛受众群体投放的广告早已打动不了任何个体。消费者只关心某个品牌能否用他们认同的表达方式帮助自己完成个性化表达。

当独居成为越来越多人的客观生存状态，随之衍生的一人食、懒宅消费、陪伴经济等细分市场，无疑是未来的风口，等待着新国货品牌提供更个性化的解决方案。

新国货方案

德力西电气：有教科书意义的国货

德力西电气的发展几乎是整个时代经济发展的缩影。

20世纪70年代末，温州人背着麻袋走遍全国卖各种短缺工业品。德力西集团的前身求精开关厂是温州乐清柳市镇一个前店后厂的小作坊。时代的车轮滚滚向前，德力西电气在机会与危机中奔跑，如今它已经成为中国最大的低压电气企业之一，拥有2万多名员工，在国内拥有五大生产基地，销售网络、技术支持体系覆盖全球60多个国家和地区，是中国电气行业的龙头企业，在整个电力运输、航空等领域助力国家大基建。

因为是做配电设备，德力西电气品牌总监王策说："我们一直是'幕后'的英雄。"但是最近几年，德力西电气也在紧随市场变化和消费变迁，进行品牌升级和年轻化转型，逐渐走到了"台前"，与消费者进行更直接的沟通，从只是针对用电安全，逐渐转变成守护用电安全，同时与消费者共同创造生活之美。

渠道为王的国货品牌如何做推广？

中国开关的发展就是一部中国家居生活的审美跃升史。

在中国普及用电的时候，开关普遍使用的是灯绳，纯粹是一个简易的功能性产品。20世纪80年代末到90年代初，中国人开始住进楼房，那时候便有了拇指开关，后来又有了宽一些的中板开关。到2015年左右，市场上有了所谓的"大板"，就是现在我们看到的整块的无框开关。2015年到2022年这7年，是中国开关面板行业发展非常迅速的时期，从颜色到材料都有了巨大的变化。

王策说，这和家居装修需求量增加以及消费者家居审美提高有很大关系。设计师群体深度介入装修行业，让装修从一项工程变成了有审美、有专业的项目。设计公司和设计师专业话语权的引入，也提升了国人的居住审美。当今社会，90后为主的年轻消费者成了主力消费群体，他们对于审美有着自己个性化的要求。因此，德力西电气认为年轻消费群体以及室内设计师群体皆是其精准和有效的传播对象。

对于开关这个品类，在过去很长一段时间内，直接面向消费者做品牌传播是比较困难的。市场的普遍认知还停留在这是一个装修用产品，似乎倾向于关注一些技术参数，很难从美学的角度有所要求。

在整个中国建材行业或者说与装修相关的行业，常常能够看到这类广告：请一个知名度非常高的明星，拍一张产品的合照，旁边写上一句宣传语，印在公交车上、高速公路的广告牌上或者机场行李传送带的显著位置。普通消费者一般分不清明星代言的到底是衣柜还是油烟机，因为这些广告都很像。

复购率低、重决策的品类大部分都依靠强大的经销商体系，这些简单粗暴的明星广告都是做给经销商看的，在中国广大的下沉市场，品牌实力的表现就是看能不能请到大明星代言。

德力西电气也是扎扎实实以渠道为王的品牌，但是，时代在变化。王策说："德力西电气还是会积极寻求与消费者的有效沟通，反哺到我们靠渠道求生存的这样一个生意模式中。"

与快消品不同，王策说："性价比高的产品不会是我们现在重点去推广的，因为品牌不可能落地到去推广整个产品矩阵中的通货产品。"德力西电气宣传的产品，比如，曝光量很高的"开门红"，其实并不售卖，而是作为赠品送给消费者的。"'开门红'是个幸运符号，我们觉得它是无价的。特别是我们建议把它装在玄关的位置，代表'出入见欢喜'，这是德力西电气才有的差异化。"这体现了德力西电气对中国消费者特有的消费心理的洞察。

但是作为赠品送出去之后，很多人还会主动复购这个"开门红"，可见消费者其实愿意为这样的好彩头买单。王策说，能够通过一个元素增加消费者对品牌的好感度和认可度，就已经是很好的一个效果了。某种程度上，这也是国货品牌的优势，比起外国品牌，这些国货品牌更了解本土消费者文化层面的消费心理。长期以来，与消费者沟通这个课题大部分参考的都是国外案例，因为他们是更加完善发达的消费社会。但是，近十几年以来，随着本土消费群体的崛起，我们还是看到了独属于中国市场的成功模式。尤其是，得益于社交媒体的蓬勃发展，年轻一代的文化自信几乎变成了一个风口红利。这也成为包括德力西电气在内的品牌深度思考的内容。

如何拥抱国货消费红利

新一代消费者热爱国货，娱乐消费一体化，往往在娱乐中便完成了消费。许多年轻人打着游戏就买了一堆装备，看着短视频就下了单。这一代消费者来自家庭支持的购买力其实比70后、80后都要强，所以他们愿意为一些精致生活方式买单。

排插是近几年德力西电气线上品类增长的一个重要单品，这要归功于德力西对当下消费人群的洞察。王策特别强调，最近几年消费人群细分的一个重要增长点就是独居人士。其中刚刚步入社会的年轻人是主力人群，他们往往工作还未稳定下来，甚至具体留在哪个城市也还没决定，只是因为在某个城市找到了一份工作，就打算在那里生活。他们来到那个城市后做的第一件事便是租房，但是这一代的租房人群与之前的人相比，观念已经发生了很大变化。比如，他们坚信"房子是租来的，生活是自己的"。所以，这几年我们经常可以看到"微改造"这个热门话题。

大部分人租的房子的好坏一般都是根据收入水平来决定的，很多硬件没必要或者没办法去更换，70后、80后中的大部分人可能会选择将就一下，但是现在很多年轻人租了房子以后，不会特别委屈自己，会在能力范围内做到"不将就"。他们会刷墙更换墙壁颜色，更换油腻、陈旧的开关，也会买排插优化电位，比如，增加扫地机器人的充电位，或者宠物食盆的加热电位。他们可能不知道自己会租到一套什么样的房子，但是这些小的电器产品其实可以帮他们在最短的时间内拥有自己想要的生活方式。

这一代消费者也非常注重个性，他们买的很多东西除了自己使用，另外很大一部分的价值是为了在社交媒体上"晒"，告诉别人我有这样一个有个性的产品。所以，即便是一个排插，有颐和园IP联名的和普通的就是不一样。另外，这一代消费者的娱乐和社交结合得非常紧密，他们会在社交媒体上花费大量时间，去了解信息，甚至直接交易。他们对于线上平台的依赖度要远远大于线下传统门店。所以类似德力西电气这样重渠道的品牌，需要去搭建社交媒体的矩阵，以便更直接地与消费者进行对话。

美学转化没有确定的转化率，审美有太多偶然性

作为国产品牌，在文化自信这个红利之下，德力西电气还是希望产品、品牌差异度在消费者端能够更加明显。当然，作为一个开关，通过文化或者是美学去打动消费者其实是不容易的。美学观感并没有那么直观，不像零食或者其他快消品，可以通过直接的口感或者消费体验形成转化。而作为德力西电气品牌的负责人，王策对美学转化这件事的难度的理解是：这件事情需要公司从上到下目标一致，并且要长期持续性地去做。

这个长期性还包括面对红利诱惑时的克制。德力西电气认为国风是一个很好的点，但国潮不是。王策说，如果一件事情或一个现象只是单纯跟"潮"挂钩，就很容易过时。而且只是因为国风国潮受到市场追捧，便把它当作一个卖点时，消费者未必真的会买单。

在跟颐和园IP谈合作的时候，最打动对方的是，德力西电气并没有像很多品牌那样，有非常明确的销售数据的转化诉求，也没有非常急功近利地为了迎合市场热点，草率地贴上一个描龙画凤的镶金国风元素，而是很认真地研究了国风文化和其传承意义。

在谈到与颐和园IP的合作时，王策说，德力西电气需要一个合作伙伴，大家一起去努力，共同打造一个载体，并希望是长期持续的合作，做一些真正有中国传统文化审美的产品。在品牌层面，他也希望消费者能看到德力西电气品牌作为国货品牌的品质。

在德力西电气最新的旗舰类产品中，特别强调从中国传统色中去汲取灵感，这是国风和东方审美比较直观的诠释。超薄的玻璃磨砂开关在设计感和前瞻性上，甚至超过了一些国际品牌。破除国产品牌就是低质价廉的刻板印象，是德力西电气目前正在努力的一个方向。

同时，消费市场上，有另外一类独居人士也非常值得关注。他们在经济和思想上都很独立，购买决策非常清晰，也注重搭配和审美，会去看设计师的"种草"和分享，也知道自己想要什么产品和风格，在这类客户群体面前，德力西电气便希望用高端的旗舰型产品去满足他们的需求，帮助他们打造一种精致的家居体验。

2021年年底在广州设计周首发的超薄磨砂玻璃款御彩系列，是德力西电气首个玻璃面板的超薄产品，上市一个月销量就大大超过了预期，这也证明了渠道端和消费者端对品牌的真正认可。值得一提的是，德力西电气的幸运符号"开门红"系列凭借其独特的设计和东方寓意，在广州设计周上还拿到了"红棉中国设计奖"。

新国货如何基业长青

在新国货高歌猛进多年之后,如今新国货品牌似乎又有了很多不确定性。无论是喜茶裁员,还是完美日记市值暴跌,如同期待一只靴子落地,市场上的任何风吹草动,都会变成一种"新国货不行了"的佐证。

德力西走过风云变幻的三十八年,算是一个老国货品牌了。某种程度上,大家都需要及时拥抱变化,去了解消费者的变化,真正触达他们,而不是"自嗨"。"这几年媒介变化巨大,对品牌内容的需求也发生了很大变化,但是,归根到底,本源上,你的产品还是你手中最好的内容。"王策强调说。

德力西电气是跟着改革开放的大潮成长起来的,它始终贯彻一点:以渠道为王,扎实推进可持续发展。在新国货浪潮当中,依靠投资,依靠社交媒体和电商,起盘非常快的品牌，在这3年的疫情中很多都已经消失了。品牌最终还是要回到本源性的问题：产品是否真正满足了消费者的需求，销售渠道是否真正做扎实了？

对于某些风口的清醒认识以及务实的态度，是历经风雨的老品牌的求生经验。商业并非仅仅是炫目的概念，也并不是超越前人便越能够抢占先机。当我们把智能化家居这个概念抛给王策时，他显示了他审慎的一面。

家居领域在宣传智能化概念，但作为单独的品牌不能盲目布局智能化。

根据2022年CSHIA[1]数据，2019年我国全屋智能家居落地套数为20~40万套，2020年全屋智能落地套数达到30~50万套，仅占新开发楼盘的1%。这说明在中国，全屋智能只是金字塔尖上的一部分消费者的需求。

---

[1] 成立于2012年，由在中国从事智能家居相关技术和产品研发、生产、经营、销售单位及有关社团组织共同成立的智能家居技术协同创新服务平台。

德力西电气的调研显示，目前国人更需要的是一些单品的智能应用场景，比如，一些基础的语音交互、定时让扫地机器人清洁地面等，而不是所谓的全屋智能系统。

"当然，这并不是意味着我们要放弃智能化家居这个赛道，相反，这些数据会让我们更加慎重地对待这个概念。"王策说道。

未来的智能家居背后需要更加庞大的物联网，比如，如何完成5个不同品牌的产品数据的集合，如何解决智能感知、数据隐私安全等问题，以及如何打破智能单品之间的孤岛壁垒，这些都是需要家居品牌考虑并解决的。中国消费者所能适用的智能化家居还有相当长的一段路要走。

王策说："我希望当我们的智能化家居普及时，可以给消费者传达一个概念：家是一个整体，能够针对用户即时性的需求，提供智能化的服务，而非一个个设备孤岛。"

当整体经济进入一个常态化发展阶段时,资本也好,风口也好,爆发现象级商业奇迹的机会越来越小。品牌对新国货的发展有迟疑的时候,回归到做产品、做品牌的本质,去了解市场、了解消费者,穿越周期活下去,比短期内亮眼的数据更重要。德力西电气这样的老牌国产品牌也用几十年的发展验证了以下真理:做商业,爆发力并不能完全代表真实水平,永续持久的发展才能代表真实水平,"新"未必代表未来,"老"反而更说明实力。

理象国：一场年轻人的冰箱战事

2021年冬至，岁暮天寒，一条由姜文主演的宣传短片温暖上线。

中国很多地方历来有冬至吃饺子的习俗。短片中，姜文面对的命题是"讲究的一顿"，他列出了长长的备货清单，河套面粉、高原松茸、大个虾仁、时令白菜，还有百里挑一的玉米粒和马蹄。姜文对饺子食材品质的要求，一如他对待自己的影视作品一样，无比虔诚，追求极致。

这条短片的出品方是理象国，成立于2020年的新晋简餐品牌，首款主打产品是速冻水饺。理象国希望能为年轻人提供"犹如现包，不像速冻"的水饺，在年轻人的冰箱战事中闯出一片天地来。

姜文的演绎让理象国对品质的追求变得更加具体，姜文的匠心也成了理象国"一顿理想的简餐"品牌精神的最佳注解。理象国副总裁胡日查表示，选择姜文作为理象国面点系列的代言人，是源于他对电影艺术的追求，这和理象国对水饺品质的追求是一致的，理象国希望能成为一个有温度和烟火气的餐饮品牌。

冷链的延伸

创立伊始,理象国确定了以"一顿理想的简餐"为主打产品的方向。所谓简餐,需要操作简单,同时营养美味,提前加工好的半成品往往是制作简餐的首选。半成品预制菜并不是一门新鲜生意,但以往很多企业开展的是To B业务。预制菜企业通常担当"中央厨房"的角色,将各种原料食材进行切分、成型、调味并加工成半成品,提供给终端餐饮企业、航空公司、高级酒店等,这些企业经过简单加工就可以将餐食快速提供给消费者。

随着生活节奏的加快,工作和通勤占用了人们大量的时间和精力,人们在饮食上投入的时间和耐心被极限压缩。由于时间紧张且碎片化,人们对三餐的品质要求往往力有不逮,下班到家后,很难腾出时间和精力自己动手做饭。选菜、洗菜、切菜、配菜再到炒菜,全套流程费时费力,可能还并不好吃。还有一些年轻人,他们并不擅长烹饪，就算面对优质食材往往也束手无策，只能高度依赖外卖，甚至一日三餐都靠外卖解决。

当快节奏的生活遇上精致的美食需求，免洗免择、无须调味、烹饪便利的预制菜便脱颖而出。因此人们对方便食品的需求大量增加，这也使得原本主要To B的预制菜生意开始走向C端的消费者。然而，由于C端消费者数量庞大，大众口味包罗万象，预制菜在B端"标准化"的优势到了C端反而成了劣势，因此企业需要不断推陈出新，研发特色鲜明、风味独特的菜品。

理象国看到了其中的机会。借助突出的冷链供应实力，理象国有了比竞品更好的设备、工艺、冷链配送能力。接下来，理象国要做的就是在风味上征服消费者的味蕾，用优质的食材来俘获消费者的信任。

贵在真材实料

2020年9月,理象国选择将速冻水饺作为切入口。

胡日查表示,之所以选择水饺,是因为水饺是速冻食品市场中份额最大的单品,在国内速冻食品市场份额占比约1/3。速冻水饺行业格局稳定,湾仔码头、三全、思念是传统"三巨头",他们长期占领着消费市场,产品同质化现象较为严重。这个行业已经很久没有出现令人眼前一亮的新进入者了。

同时,理象国卖水饺还有一些先天的优势。除了可以与某雪糕品牌共用冷链,还可以利用现成的经销商体系,而且雪糕和速冻食品具有显著的淡旺季互补特征,两者搭配的合理性在线下雪糕批发店中得到过印证。

饺子在中国人的世界里扮演着非常特殊的角色,它不仅仅是用来果腹的餐食,更是家国情怀的载体。对中国人来说，最好吃的水饺永远是家里人包的，食材新鲜，热气蒸腾，注入了父母的深情。

对在异乡打拼的年轻人来说，父母亲手包的水饺是奢侈品，很多时候只能选择速冻水饺作为替代。速冻水饺虽然价廉又方便，但是受制于口味和品质，往往被人们贴上了"将就""应付"之类的标签。

为了改变速冻水饺面临的现状，理象国试图赋予水饺更高级的品质，给消费者带来"犹如现包，不像速冻"的口感和体验。正如姜文在宣传片中演绎的那样，理象国对水饺的品控近乎挑剔，在食材选择、产品研发、制作工艺等环节投入大量心血，目的就是要做出"一颗有理想的水饺"。

理象国水饺的定价一度引起热议。理象国天猫旗舰店曾推出过一款16只装的鸡丝松茸速冻水饺，日销价为98元，单只售价超过了6元，比市面上普通的速冻水饺贵出了一大截。胡日查表示："理象国的部分速冻水饺售价确实高于同类型产品，但是这与理象国对食材品质的把控和对水饺口感的追求密不可分。"

理象国选用的"河套面粉"，是来自内蒙古巴彦淖尔出产的硬质小麦。河套面粉筋度高，具有良好的延展性，适合制作面食，口感劲道，麦香浓郁。河套平原土地肥沃、日照充足，但由于当地地处的纬度较高，气候高寒，为了保证面粉品质，当地多采取土地"轮作"，因此优质春小麦产量很低。

胡日查表示："除了选用优质面粉，为了追求地道风味，我们对馅料的选择也非常讲究。产品研发团队会去原产地，寻找优质的应季原料。"以黑猪肉系列水饺为例，选用的食材包括渤海扇贝、山东大葱、江苏黑猪肉、绍兴黄酒、广式鱼露、四川方竹笋、玉溪香葱等。为了确保产品的风味，除了精选原料的产地，理象国还格外关注原料本身，比如黑猪肉只选取肥瘦比例最恰到好处的前腿肉，蔬菜则根据季节和时令来选择，比如白菜，春夏时节主要选择江苏等地出产的，到了秋冬季节则将产地更换为东北。价格昂贵的背后,是理象国对水饺品质理想化的追求。

走进年轻人的餐桌

2020年年初,新冠疫情暴发对人们的生活方式造成了很大冲击,速冻食品带来的"安全感"有效缓解了病毒肆虐带来的恐慌,人们对速冻食品的需求在短期内快速攀升。疫情让人们拥有了更长的居家时光,但对很多年轻人来说,他们并不擅长洗切蒸煮,也常常因工作繁忙而没有时间走进厨房。

于是,预制菜作为新的消费品开始进入人们的视线,但是当下的年轻人早已不满足于果腹,他们对价格的敏感性并不高,但对食物的品质和口味的要求却很高,这对预制菜商家提出了很高的要求。理象国的适时出现,将烹饪的主动权交还给消费者,既为家里带来了"烟火气",也节约了时间成本。

理象国的野心,并不仅仅在于一餐简单的水饺,它想要为年轻人群、都市白领等目标客户群打造"一顿理想的简餐",围绕家庭餐桌,根据三餐、宵夜、聚会、节日等各种消费场景,编排产品矩阵。胡日查表示:"小酥肉就是一个典型的场景消费型产品,朋友聚会小酌时可以作为下酒菜。考虑到很多年轻消费者为了追求健康和方便,不太可能采用油炸的烹饪方式,因此理象国对小酥肉的工艺和配方进行了升级,消费者使用空气炸锅就可以轻松完成烹饪,非常符合简餐的理念,因此复购率非常高。"

为了满足消费者多元化需求,理象国还推出了很多带有鲜明地方特色的产品,比如川渝红油抄手、广式鸡汤云吞、上海葱油饼、福州佛跳墙等,从街头小吃、零食佐餐到年节特色食品,不一而足。理象国的产品门类、品质和定价与竞品相比,呈现出显著的差异化特征。这与品牌诞生之初的定位有关,理象国瞄准的是年轻一代、都市白领等对生活品质有一定要求的人群。

为了更好地触达目标群体，理象国在营销上也做了一些新的尝试。2021年在北京、武汉、上海的草莓音乐节现场，理象国设置了红色中国风的展位，"店小二"在门口招呼，古装扮相的服务员负责客人点单，开放式厨房清晰呈现厨师的操作流程，年轻人蹦迪间隙可以在这里饱餐一顿，"有理想"的生活态度被悄无声息地传递给了年轻人，然后生根发芽。

做有理想的简餐

在这场年轻人的冰箱争夺战中，理象国也面临着激烈的竞争。

新冠疫情暴发导致冻品市场需求快速增长，这也使得后疫情时代的速冻品赛道变得拥挤起来，不少企业都试图来分一杯羹，各种创新产品也层出不穷，例如经营肉食的泰国正大开始向下游延伸；靠必品阁水饺拥有一席之地的韩国希杰（CJ）集团推出了白玉豆腐饺子；卖包子为主的巴比馒头则推出了限定款螺蛳粉水饺。

面对日益激烈的竞争，理象国有着自己的筹码。相比竞争对手的大众化产品，理象国更快地感知到了消费者需求的变化，率先观察到了人们的消费习惯从"分量、实惠"向"精致、特色"的方向转变，并开创了围绕消费场景研发简餐产品的先河。同时，理象国还为客户提供了细致周到的服务，比如随速冻水饺赠送了太原蒜醋、油泼辣子和糖蒜三种蘸料，以及两套木筷，更加便捷。

理象国还有成熟的冷冻工艺和冷链运输体系。以水饺为例，制作完成后在零下35摄氏度的环境中完成急速冷冻，优质食材的鲜味被"锁住"，食材的本味经过简单烹饪后可以被轻松还原，也解决了速冻水饺皮开裂的问题。冷链运输则选用了干冰，而非成本相对较低的冰袋，零下78摄氏度的干冰与水饺被一起放在密封的"大象"形状的泡沫箱内，基本可以保证水饺送到客户手中的时候仍然处于冷冻状态。

为了更快地触达客户,理象国也同时布局了线上和线下渠道,在持续深耕各大电商平台的基础上,入驻了线下商超。截至2021年年底,理象国在华东、华南地区已经布局了数千家KA(Key Account,重要客户)卖场,家乐福、Ole'、盒马等大型商超里都能看到理象国产品。

当然,理象国面临的竞争还来自于迅速崛起的主打健康概念的现包饺行业。近年来,喜家德、袁记云饺等现包饺企业在资本的加持下,纷纷走上了连锁扩张之路。现包饺主打生鲜外带饺子的消费情境,他们一般会在社区周围开设面积不大的门店,门店面积在10~30平方米,不设或设少量堂食座位,5个左右的员工便可以正常经营店面。现包饺的商业模式锁定的是社区餐饮人群,不再局限于堂食,可外带、可零售,渠道更宽、流量更大。

面对可以预见的市场竞争,胡日查非常有大局观,也很有信心:"无论是理象国的高品质速冻水饺,还是主打健康概念的现包饺,其实都符合当下的消费升级趋势。随着符合多元消费需求的新品陆续面世,相信简餐行业的

'蛋糕'也会越做越大。"

速冻食品外形质朴,在很多人眼里,也许和潮流并不沾边,可能也很少会有人拍照发朋友圈,这让理象国很难复制用KOL带动普通消费者拍照打卡的盛况,使得培育客户的周期变得更长了一些。

也正因如此,为了在年轻人的冰箱中斩获一席之地,理象国将更多的心思放在了品质、口感和营养上。

一日三餐虽然社交属性不强,但却有着浓烈的情感属性。饺子也好,抄手也罢,归根结底,它们都是中国人日常生活中最熟悉不过的食物,这些简单的餐食,混合着故土、勤俭、坚忍等情感和信念,在漫长孤寂的时光里,既满足人们饥肠辘辘的胃,也安抚当代人疲惫困倦的心。

做一顿有理想的简餐,理象国,深知使命。

第四章 治愈自己的一万种方式

在充满不确定性的当今社会,迷茫、焦虑和压力成为人们的日常标配,但身处物质丰裕的时代,人们可以在消费中得到治愈,从许多细小的方面优化自己的生活。

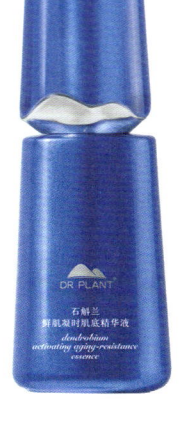

- 源氏木语
- 天然护肤
- 十七光年
- 童涵春堂
- 消费的治愈功能
- 健康美学
- U 牌
- 涂抹式面膜
- 高山植物
- 养生年轻化

消费新趋势
治愈自己的一万种方式：健康养生成为消费新增点

　　吃方便面不致癌，只是不营养，所以放点青菜再加个蛋，方便面也算是打工人美味的一餐；每天吃外卖担心自己营养不够，所以维生素软糖要随身带着；斥巨资请健身教练的一个重要功能就是每餐拍张照片主动交代吃了多少热量，补充了多少蛋白质；买零食一定要翻看成分表，留意是否含山梨酸钠，用的是糖精钠还是甜菊糖，有没有防腐剂，是否使用代糖，有的话是否使用比较好的代糖，同时，也告诫自己不要太纠结，一切不谈剂量而评价添加剂的行为都是"耍流氓"。

以上均是吃预制食品、方便食品和加工食品维生的一代人的典型消费行为。他们体现了这个时代的潮流特性：看起来吃得不算特别健康，但又极其看重科学饮食；喜欢各式重口味，恨不得吃药也要蜜糖口味，但又爱研究配料表，钻研各种成分，是讲究的"成分党人"；关注各种科普平台，没事在知乎闲逛，希望通过知识获取消费的确定性，把不安全的东西排除在外；也因为掌握各种食品、健康知识而使自己不断获取正反馈，在能力范围之内，控制好体重，保持健康，相信因此能更好地掌控自己的未来。

社会压力值、个人欲望值是一个恒定值，无法在短期内发生根本性的变化，对于个体而言，只有选择对自身有益的商品和生活方式才是真正可控的。这也是一个物质丰裕时代的行为模式，大家可以通过各种细枝末节不断优化生活的方方面面，通过消费获得治愈感，去平衡和排解各种压力和消极情绪。2022年《麦肯锡健康消费图鉴》报告显示，超过60%的中国消费者在日常生活中视健康为头等大事，这个比例在美国是37%，在日本是14%。而与健康相关的消费领域有很多，比如健康管理、饮食营养、科学养颜、心灵治愈等，新一代的消费者有1万种治愈自己的方式，对于新国货来说，这1万种方式中便蕴藏着1万个商业机会。

当健康成为潮流

在近年来，中国人的健康消费领域，呈现出越来越精细化、专业化的趋势。比如，当我们吃得很好的时候，口腔卫生领域就会越来越受人们关注。第四次全国口腔健康流行病学调查结果显示，84.9%的受访者对口腔保健持积极态度。

> **国货潮起来 生活新方式**
>
> 牙齿不光是健康问题,还是重要的美容问题,牙齿美观整齐可以带来很多正面评价。潮流分享官苏眉月在《国货潮起来》中说,牙齿美白是口红自由的第一步。拥有再多口红色号,都不如有一口健康的牙齿。这也是我们能够看到很多牙套人士,以及主打抗过敏的舒适达牙膏、冰泉口香糖牙膏等不同细分功效类口腔护理产品涌现的原因。

可以这么说,从头到脚,由健康带来的美学迭代都在最近几年悄悄发生。2022年,清华五道口体育研究中心携手多家数据研究院发布的《中国城市体育消费报告》显示,目前我国体育消费规模约1.5万亿元,预计2025年将增长至2.8万亿元,复合增长率超过13%。打开任何一个中国人的鞋柜,都会有一个重要变化——运动鞋变多了,皮鞋变少了。

健康的生活方式最终导向的是美学领域的革新。当美的概念逐渐影响到健康领域,我们就可以看到一种更为成熟的消费观念。今天的消费者不再盲目追求logo显眼,不再以虚浮的表面去定义实物,而是更加关注实用、环保的概念，消费选择呈现出更理性的趋势。

消费者生活审美及产品需求偏好的变化，同样体现在家居行业中。过去装饰繁杂、风格华丽的居家产品设计，正逐步让位于简约现代的实木风格，这也推动了诸如源氏木语等实木类家具品牌的快速成长。**源氏木语在原材料上通常选择用于高档家具的FAS（First and selected，特级）级别的纯实木，并组建了一支年轻的新锐设计团队，在产品设计时注重结合人体工学原理，同时匹配Z世代人群的设计审美偏好，致力于为消费者提供真正环保、健康、治愈的家具产品。**

"你是什么口味的"

在人生奋斗的所有标配中，除了"996"之外，勤奋社交也是重要指标，人脉、升职的可能性都蕴藏在活跃的社交中，而内敛的中国人主要靠喝酒来打开社交局面。

但是，社交型喝酒可谓惨烈，喝吐、喝伤只是生理性的伤害，酒桌文化中的权力关系更是将残酷的现实展现在了人们面前。

但是，年轻一代以他们的方式逃离了残酷的酒局，用低度酒取代高度酒，展开了他们的"微醺社交"。2021年网易数读发布的《当代年轻人轻饮酒调查报告》显示，轻饮酒是当代年轻人钟爱的饮酒状态，占比超过八成，其中超过59%的人喜欢朦胧、慵懒的微醺状态。这种现象也体现在社交平台上，据统计，酒类词条大部分关联着"微醺""少女"等标签。因此，调饮类饮料酒成了热门赛道，2021年上半年，淘系果酒的销售额以10倍速度增长，因此，2021年被称为"果酒元年"，也标志着年轻人的微醺社交进入了活跃期。即便在做有目标感的事情，这一代年轻人也遵循着先"保护好自己"这个前提。

在一众白酒基底的果酒品牌中脱颖而出的十七光年果酒，创新性地把米酒用作基酒，相比用白酒做基酒，米酒口感更加温和，并独创单边发酵90天控温发酵专利技术，

保留了水果的甜度和风味，主打零添加、果味浓，这刚好也迎合了年轻一代对于"相对健康"的执着。

无论是水果味的低度酒，还是百年国药老字号童涵春堂加了桃胶、乌梅的奶茶，都是为了以不同口味丰富消费者的体验感。将旧元素玩出新花样几乎已经成为当下食品饮料品牌的流量密码。如同拍照要加滤镜，当下主力消费群对于零食、酒品甚至保健品都要求一个口味，捉摸不定的消费需求可以在口味这一点上获得一定的确定性。草莓味、香草味、柠檬味这些久经考验的口味是最保险的，但如果能用一种新口味来引领市场，将是品牌破圈突围的好机会。比如，在过去几年，椰子口味在咖啡类饮品的开疆拓土中功不可没，生椰拿铁甚至带领瑞幸重获新生。我们也可以看到市面上大量的营养补充剂会以水果口味软糖的形式出现，"像吃糖一般吃药"，充分满足了新一代消费者多元养生的深层次需求。

"成分党"造风口

初代"成分党人"主要来自化妆品行业,并改变了这个行业的产品研发和营销方式。各大护肤品牌除了请明星代言之外,也开始强调各种有效成分的添加比例,并开始在营销文案中加入科学知识。比如,"作为维生素B_3的一种衍生物,烟酰胺对美白安全有效",甚至在化妆品包装上,将成分作为视觉设计的主元素,突出强调A醇等有效成分的含量。

> 就像《国货潮起来》的潮流分享官马雪阳说的,其实现在很多消费者并不关注品牌是哪个国家的,而更多地会去关注和研究产品的成分。消费者对于化妆品成分的在意,也会促进化妆品行业对于产品研发的投入。

从观潮新消费根据公开数据不完全统计的2021—2022年部分美妆护肤品牌融资表可以看出,**植物护肤、纯净护**

肤正在成为人们新的生活方式，也逐渐成为资本新宠。比如，这几年崛起的新国货品牌U牌，强调内调外养的健康护肤理念，其自愈系玫瑰纯露，优选保加利亚卡赞勒克玫瑰谷优质玫瑰花，通过先进的蒸馏设备和蒸馏技术，提炼有效护肤成分，为消费者提供天然、治愈的护肤体验。品牌推崇使用大自然的天然原料，为人们的身体和心灵提供强大的修复力，帮助身体、肌肤恢复自愈力。

除了美妆护肤领域，"成分党人"也会把他们的成分观念扩展到日常生活的方方面面。京东超市与京东消费及产业研究院发布的《2021年度食品饮料行业消费报告》显示，2021年，食品饮料市场消费者对"功效""成分"的关注十分明显。

> **国货潮起来 生活新方式**
>
> 在《国货潮起来》中,歌手马雪阳认为想要保持身体健康,吃东西前需要仔细识别食物成分,并传授大家看配料表的技巧:越是靠前的就表示含量越多,并且食品外包装上一定要包含热量、碳水化合物含量、脂肪含量和钠含量。

人们对许多食物的成分存在认知偏差,比如,大家印象中觉得是甜味零食的蜜饯,其实钠含量是很高的。而像瓜子这样的食品,钠含量更是达到45%。而钠的过度摄入是导致心脑血管疾病的重要因素。

所以这几年,随着消费者对产品成分的关注度提升,各大品牌推出了原味瓜子,既满足人们嗑瓜子的需求,又减少了人们的钠摄入量。**集育种、养殖、宰杀、加工肉鸡于一体的食品企业圣农集团,也不再只是做麦当劳、肯德基等众多餐饮和零售巨头的主要供应商,而是同步发展起了C端冷冻炸鸡半成品业务,为爱吃零食又关注食材成分的年轻消费者提供更健康,操作更便捷的脆皮炸鸡。**

越来越多的消费者通过"买买买"构建与自我、他人和消费的新连接，年轻消费者可以通过消费获取悦己的治愈感、社交的自信，甚至自下而上地推动某个细分行业的发展。实木家具可以是居家生活中的一片治愈自留地；利口清新的果酒可以为社交气氛增色；而一块供应链透明的脆皮炸鸡也能够抚慰年轻人疲惫的身心……

从《麦肯锡健康消费图鉴》中可以看出，在健康消费相关的几大类别中，每个类别都有50%以上的中国消费者认为现有的产品和服务仍不能完全满足他们的需求，而这一比例远远超过了全球平均水平。

这一代有知识又爱研究的消费者，构成了新消费的基本面，他们在让自己活得更好的同时也将帮助培育更多重视产品品质、珍视消费者价值的新国货品牌。

新国货方案

植物医生：专注长期主义

　　国货美妆一直是个热点，但是从2021年开始，投资人非常看重的GMV开始下降了，很多品牌都在面临"火一把就没了"的窘境。消费者的国货认同感和产品的高性价比可以创造风口，但是当赛道很拥挤，并且烧钱式营销无法持久的时候，生存问题会回到几个基本点：产品是否有独特性，渠道是否扎实，或者真实的ROI（Return On

Investment，投资回报率）是否能够让品牌真正存活下来。植物医生到2022年已经走过整整28年，品牌创始人兼董事长解勇回顾这些年的发展经历，颇有些感慨。4500多家线下门店，1400多万会员，植物医生走出了一条艰难但长远的道路。

把最艰难的部分扎扎实实做了一遍

植物医生的创始人解勇初次创业是在汽车模具行业，二次创业做了进口化妆品贸易，然后从单一品牌的进口化妆品生意，又转型为各大品牌的区域代理商。或许正是这段经历使得他对渠道特别敏感，也很大程度影响了植物医生品牌的运营模式。

"在二十世纪八九十年代的时候，我们化妆品行业就完全开放了。世界各大品牌纷纷进入中国，欧莱雅、雅诗兰黛、资生堂……此时，国产品牌与这些国际大牌有着明显的差距，因此我们的民营化妆品企业在其中的生存空间就非常狭小了。"解勇说。

国际大牌进入中国后，做的最重要的一件事情就是把所有渠道都完全占领了。在日本和韩国，商场与化妆品品牌可能属于同一个集团，所以，日韩有大量的渠道资本属于本土品牌。但在中国，商场和化妆品品牌完全是两个体系，所以，我们一度很难在一些比较好的商场看到国货品牌。再后来，国内出现了专营店这种形式，包括屈臣氏在内，同样一开始也都是清一色的国际品牌的产品，大多数本土品牌根本就没有能够接触到消费者的渠道。

所以，植物医生大概花了10多年的时间，努力建设独立的销售渠道。在解勇看来，"如果要做化妆品品牌，首先应该建设化妆品销售渠道，接触到消费者。"从2004年开始，植物医生在沃尔玛、家乐福、大润发大型超市自主建设专营店面，当时正是这类大卖场在中国的扩张期，跟随着这些卖场的拓展，植物医生这个品牌也被带到了全国各地。所以，我们今天才得以看到，植物医生在整个业内都非常亮眼的一个数据：在全国共有4500多家线下门店。

这是一个非常艰辛的过程，但也是所有品牌最后都要走一遍的道路，植物医生提前把最艰难的部分扎扎实实做了一遍。解勇说自己喜欢冬天去游泳，入水之前充满了矛盾和挣扎，很痛苦、很纠结。但是，鼓起勇气，一头扎进去，完成冲刺之后的成就感和满足感是其他任何运动都难以取代的。有些问题在一开始看起来难以解决，极其棘手，但是，投入去做了，扛过来了，就可以成为最大的竞争优势。

重研发：不确定性是最大的确定性

在业内，化妆品行业有"日不落行业"之说，很多公司已经存在了百年以上。同时，这个行业的竞争也非常激烈。在国际上，各个巨头格局已经基本确立了，很难再产生什么新的知名品牌。另外，这100多年，一直围绕着顾客解决的问题还是那几个：保湿、美白、抗衰。所以，在解勇看来，化妆品行业只是看起来机会很多，但要想脱颖而出难度却很大。而中国市场纵深广阔、需求广泛，可以给一些新品牌冒头的机会。

在创业的前10年，植物医生在渠道建设过程中，逐渐形成了一些自己的特点，产品、沟通方式、团队建设等方面都在成长。但在这个过程中，解勇慢慢意识到另外一个问题：产品怎么才能做出差异化？植物医生需要有一个与众不同的产品定位。所以，2014年植物医生和中国科学院昆明植物研究所达成了战略合作，相继对石斛兰、紫灵芝、雪莲、野山参等十几类高山植物进行了基础研究，推出了一系列凝聚高山植物精华的产品。

从研发到真正的商业转化有太多的不确定性。在一个产品极度丰富的市场，消费者为什么要选择你？模仿可以短期获利，但是长期来看，解勇坚信，没有自身独特价值很容易被消费者抛弃，中国植物资源很丰富，完全可以将自己的植物资源和文化资源做结合，开发一系列的产品。

很多通过强营销迅速崛起的国货美妆品牌，在面对日益严峻的增长问题时，还是会回头思考研发这个选项。但是意识和行动之间往往存在着现实的困难，是否有足够的资金链去支撑漫长而不确定的研发转化？是否能够克服过去的营销路径依赖？大概这也类似解勇说的冬泳，去做一件难而正确的事情往往是纠结的，而最重要的是一开始便拥有选择困难道路的勇气。

国货美妆的责任感：聚焦中国高山植物成分的研发和保护

近年来，随着消费者对护肤品成分安全性的关注度提升，主打植物成分的品牌不断涌现。但大多数品牌主要围绕玫瑰、山茶花等大众熟知且护肤功效已得到过验证的植物品类来开发产品，并从中探索产品创新，很少有人会想到开发"高山植物"。

在多数品牌着眼于现成产品配方以求寻找突破的时候，植物医生则是从源头去思考产品差异化的方向。他们希望从本质上找到更能够代表"国货"的成分。中国的高山植物便成了植物医生探索和研发的核心领域，植物医生通过持续的科研投入，萃取高山植物中的活性物质并将其转化为更高效稳定的护肤成分，致力于为消费者提供更科学有效、温和天然的护肤体验。

中国的药用植物约有一半生长在高山上，而云南地处高原地带，拥有丰富的高山植物品类，具有很大的资源开发潜力。

但目前高山生态系统严重退化，中国受到严重威胁的4400多种植物物种中大多是高山植物，约占高山植物种类的1/4。于是，2016年7月，植物医生与中国科学院昆明植物研究所共建"珍稀濒危植物资源收集圃"。2017年，在中国民族植物学创始人、植物医生首席科学家裴盛基教授的倡议下，植物医生又发起了"生物多样性–高山植物保护行动"。

在西双版纳的曼远村有一片废弃的橡胶林，这里成为植物医生生物的多样性复建地后，裴盛基教授与村民共同开展了退胶还林行动，种植傣药、南药和药食两用植物。截至2020年，植物医生"生物多样性–高山植物保护行动"已在曼远村恢复和保护高原生态环境90亩（1亩=0.0667公顷）。

品牌产品的研制和推广，推动了高山植物多样性的保护工作，而关于高山植物的研究同样也会为新产品的研发提供大量有效素材，反哺产业发展。

"我们要遵循这个行业和这个品类的发展规律。捕捉流量呢，我始终认为是一个短期的事情，不同的阶段会有不同机会点的流量。"解勇这样认为。但是流量转化的本质没有变——产品创新，不断满足消费者需求的能力。而产品创新正是植物医生长期追求的目标，也是解勇信奉的长期主义的一部分。在植物医生众多的产品中，高山植物成分系列始终是最具辨识度的畅销品，也是植物医生拓展规模的原动力。

国货美妆品牌通常具有辨识度高的包装或者气味，但这无法完全代表国货品牌。植物医生结合中国独特的植物资源探索产品创新，用企业盈利的一部分去做公益，既体现了国货企业具有一定规模之后的社会责任感，也是品牌长续发展的核心竞争力。

C咖：追求"美"的新可能

2021年3月，C咖的面膜创新品类"小罐膜"（涂抹式面膜）系列上市。上市不足4个月，销量突破千万，登顶天猫涂抹面膜类目Top1、抖音面膜类目Top1；但是，除了半年内斩获3轮融资的信息之外，关于C咖的信息很少。只有少数业内人士知道，这是韩后的前CEO肖荣燊做的新品牌，切入了涂抹式面膜这个细分赛道，但进一步的信息很少。除了销售转化相关的渠道推广，C咖并没有太多的曝光，制造了不少现象级营销事件的肖荣燊这次似乎格外低调。

肖荣燊的"燊"字读作"shēn"，是火木旺盛之意。在普通话中这个字有点难认，读起来也略微拗口，所以，他更愿意称自己"光头肖"。这大概就是营销人的本能：善于用容易被人记住的方式表达自己。光头肖做过曼秀雷敦的品牌，操盘过韩后，主导过像"张太"事件[1]这样的现象级营销事件。

从各方面看，光头肖以及他的核心团队都比一般创业者更加成熟且富有经验。

在很多创业者还处于找品类、找渠道阶段，苦于"好产品"上不了规模，没有突破口时，光头肖已经在公开演讲上说："如果你做的生意要规模，只能在性价比里面稍

---

[1] 2013年，韩后在《南方都市报》上刊登的创意广告，成本只有9.8万元的版面费用，传播了29亿次，传播效果的估值大概为1亿～2亿元。

稍讲一点情怀，只有普众的才有大规模。"

作为创始人，光头肖对消费品牌的产品、渠道、营销的底层认知都非常清晰。他曾给新国货社群成员分享过对品类选择、流量红利的看法，大家都会觉得他应该是一个创业导师，而不是一个前行摸索中的创业者。所以，C咖取得今天的高速成长，背后最大的悬念可能在于：排除创始人禀赋和能力这个最大的确定性之后，创业还有哪些偶然性？

然后，当你把创业成功概率这个问题放到光头肖面前时，他的态度也是谨慎的，而这种谨慎也跟他的创业目标有关。他想做一个优秀且长久的品牌，能够改变产业，就像特斯拉一样。特斯拉不只是想要做汽车，也不只是打造了特斯拉这个品牌，而是想推动电动汽车产业背后的新能源产业。

为什么好产品还愁卖

有些创业可能一开始就错了。

因为没选对品类。

大部分创业者的起点可能是因为自己想做某个产品,或者说,刚好手头有资源可以做某些产品,而不是因为市场需要什么产品。他们通常会经历创业最痛苦的阶段:自嗨。觉得自己产品非常好,为什么用户不买单?永远在追问:是渠道出了问题,还是营销出了问题?其实起点就出了问题,因为某些品类就是做不大。

光头肖说自己在选择品类时,会优先做大市场。大到什么程度?他的标准是"能不能在3~4年中,超过40亿元"。当然,大市场面对的是一片红海,竞争激烈,也有比较高的进入门槛。

他也说，做大做小都没有错，取决于创始人自己想要什么，预期是怎样的。但认清客观状况很重要，有些品类转化率是天然的，比如，云南橙子转化率可以达到60%，一款护肤品的转化率就只有6%。这10倍的差距是天然的，并不是创业者能改变的。

很多创业者一开始往往会高估自己的判断力，要知道"扭曲现实"的结果一般都是灾难性的，大部分创业者自认的创新都只是形式上的或者个人主观认定的消费者需求，并不一定是消费者的真实需求。光头肖说，在创业最初的5个月，他觉得C咖最大的不确定性就在这里：产品是否能真正满足消费者的需求？

"所以，团队在一开始的3个月里面，特别认真地去看市场给我们的反馈。"光头肖一直警惕着，不要将自己理解的需求误认为是消费者的需求。一直做到2021年12月，在产品上市大半年之后，C咖的用户规模超过200万，差不多是沉淀3～5年的中型美妆品牌的用户规模，他和团队才有了更强的信心和动力。过去一年最令他满意的并非业绩数字,而是证明了和团队一起预判的消费者需求并非他们自嗨。

即便如此,短短半年时间内,他们内部就冻结了不少于4个产品,而这几个产品都已经达到了80%以上的完成度。

每一个优秀产品的成功都有概率,甚至可以说,大部分产品可能都是失败的。在美妆行业做了这么多年,光头肖最大的谨慎是:产品问世之初不要去做大面积推广。

任何产品都需要测试,如今有比较快的数据反馈,试错成本会小一些。以C咖的小罐面膜为例,团队先接触KOC(Key Opinion Consumer,关键意见消费者),看看产品能否打动他们。如果有比较好的反馈,再投放给KOL。在投放的过程中,不同的KOC、KOL对卖点的提炼以及卖点的宣传形式是不一样的,所以,投放过程也是优化过程。

C咖的新品测试筛了一遍抖音上的美妆号,光头肖说,抖音上大约有7000个美妆号，跟C咖的小罐面膜匹配度高的可能也只有300～700个，粉丝一个季度消耗一次就不错了，接下来竞争效率会减半。匹配完这一轮之后，便可以快速找到精准的用户和恰当的内容表现方式，也可以验证出某个竞争效率比较高的产品。C咖的一款清洁小罐膜在这个过程中逐渐成为细分第一。只有这类被验证过的产品才有机会放到公众媒体上做大面积投放，随之带来的规模效应才有可能越来越明显。

C咖把产品创新、流量打法等总结成了系统的方法论，并且这一套方法论在2021年短短半年的销售中都已经得到了验证。这可能是光头肖和团队经受的最严峻的考验，但同时也是C咖成立以来创造的最大的确定性。

为什么总抓不住流量红利

关于流量，光头肖也提到一些基础认知：品牌在面对流量红利时，都会经历"看不懂，看不上，最后是买不起"这3个阶段。不得不承认，野蛮生长便是流量红利期。比如，在微信流量红利期，最先赚到钱的人，其实是暴力营销的微商模式。

如今"看不懂"的概率会越来越高，因为媒介迭代速度越来越快。10年前，在CCTV投广告，胆大敢投，渠道做扎实，3年营收是没问题的。2020年，达人直播大火，到2021年三四月份就凉了半边，这时火的是品牌自播。流量热点3~6个月变化一次，运营的迭代速度远超企业的组织迭代速度，往往运营团队好不容易摸清了小红书"种草"、天猫收割的路径，但是此时抖音卖货已经成为流量热点。运营团队得快速跟上，甚至有时得换一拨人来重新做运营。

光头肖说，"人货场"理论也在变革。过去品牌在一个商场铺完货，"人"是商场带来的，到天猫去开店，流量是天猫平台带来的。"人"主要是品牌通过媒体触达，或者品牌做好产品不断吸引复购。但是，在抖音，"人"

需要品牌自己去找。只有具备找对人的能力，做好触达消费者的内容经营，才有机会获取有转化的流量。品牌即便发狠砸钱投DOU+[1]，内容本身没有吸引力，这些投放也都是打水漂。

但是，变化本身并不完全是坏事。流量以及渠道的变革，确实是实实在在的机会。假设目前中国的美妆行业依旧是需要通过层层经销商渠道，在央视砸钱打广告来做营销，那么大部分新国货美妆可能都无法起步。光头肖从社群平台回归美妆创业赛道是看到一个节点性的变革：**直播带货带来了美妆产业线上线下渠道的变化，这种渠道变革能带来新的机会**。

回看这3年，疫情已经让中国的零售生态发生了明显的变化。一开始，商家做直播是为了应对线下萧条带来的大量库存，这种"清库存"的做法一定程度上击穿了之前的定价模式以及渠道模式。传统美妆品牌的销售份额过去主

---

[1] DOU+是为抖音创作者提供的视频加热工具，能够高效提升视频播放量与互动量，提升内容的曝光效果，助力抖音用户的多样化需求。

要来自线下经销商体系，但是疫情之后，营收开始从经销商转向了零售端，品牌可以直接面对消费者，用户价值就变得十分重要。另外，品牌也迅速意识到：只要产品品质足够好，用户黏性就会提高，就不再需要通过营销不断刺激购买，长期来看，营销占比也会下降。

知名品牌对经销商的需求也变得不强烈了，他们会更多地与其他零售商以及流量端去博弈。所以才会有2021年"双11"欧莱雅集团与李佳琦的那场"最低价"风波。另一方面，很多品牌的定价模型因为渠道改变而重新调整，将毛利降下来，以此来更好地适应线上渠道的打法。

从国际市场来看，很多大众美妆定价倍率为4～5倍，但是，国内目前基本都是8～12倍，还有较大的成本下降空间。新品牌想要起势，可以用直播等方式省去中间商环节，把利润切实用在成分和原料上，依靠精细化运营，短期内找到新用户并形成用户黏性，完成初级规模化累积。这是C咖创立以来论证的路径，也是光头肖重回美妆赛道的主要原因。

为什么创新难有转化

相对来说，作为一个成熟的创业者，光头肖对于C咖成长路径的规划理性而务实，但又保留了相当大的发展空间，他自己称之为感性与理性的结合。

用光头肖的话说："新消费品牌在一开始不太可能有重大技术创新，因为大的消费品类基本都是比较成熟的。"C咖既不会在短期内颠覆整个行业，也不想在产品概念上去做故事创新，也就是通常说的"会讲故事的品牌"。通常故事创新型的品牌成长周期漫长，且沟通效率低下。而消费观念的迭代往往需要依托社会级的文化变迁。

如果品牌是基于科技进步，发展速度会更快。但是技术和研发是需要资金的投入和支撑的，拥有太多不确定性，也未必具有绝对的商业转化。这也是很多品牌都在强调研发，实际并未见太多成果的原因。

但是，研发商业化的死穴并非不可解。光头肖认为特斯拉的几个发展阶段是非常值得借鉴的。首先，做一个产品赚到钱，但这个产品可能没那么亲民，然后用赚到的钱做一个更大规模更亲民的产品，比如特斯拉的Model 3。当产品拥有市场规模之后，就开始转做能源改造，去改造整个行业。所以，特斯拉最终的目的可能是做能源改造，车只是过程中的一个载体。

当其他品牌着力做概念包装的时候，C咖还是从高性价比这个属性定位，做真材实料的好产品，并以体验感切入做产品创新，建立一定规模的基础用户。随着产品线的丰富，继续扩大用户规模，完成在美妆品类中的市场占有率目标。在这个行业深耕多年，光头肖认识到美妆行业的另外一个现实是：**相对于市场定价能力和营利能力，行业整体发展还是比较落后的。**比如，大部分的保湿、防晒、抗衰等配方还是几十年前的。产业的升级迭代还有很多空间，科技的应用还有更多可能性。

比如，全自动化灌装在食品行业比较普遍，但是在化妆品行业的应用很少。C咖的全自动化灌装封装生产线就花了半年时间才解决好。因为化妆品产业过去效率没那么高，没有这个需求，供应链就不会有相应的解决方案。光头肖说，C咖希望能够与产业链上各个环节一起进步。当然，一开始，这样的"进步"未必直接体现在产品上，是不太容易被看见的，它需要时间，也是后续发展的一种积累方式。

新国货最大的价值是发现市场的新需求，并把这种新需求变成行业革新的动力，这样从新消费到新制造的闭环才算最终完成，至此才会迈向第二步，通过技术和研发的迭代，提高产品的制造效率和功能。只有当规模化效应出来之后，才可能有持续的研发投入，以及研发转化价值。研发不光是一种投入，也应该逐渐运转成一种正循环。

解决"美"这个问题在未来还有更多的可能性，未必局限于面膜、面霜或者美妆这些领域，还可以拓展到生物化学，甚至是纳米技术。"美妆界特斯拉"的发展路径最终导向的是美妆产业的变革，目前C咖的小罐面膜只是一个载体，就像很多年前特斯拉的Model S。

"这才是让感官刺激的事情。"光头肖如是说。

C咖所追求的，不只是多少亿的营收规模，也不只是一个几百年的品牌，而是一个行业的新可能性。

第五章 爱情72变

今天年轻人的爱情观越来越多元化。爱情与婚姻不再是必选项。单身时,他们更关注自我的内在需求,认为悦己消费是一种价值投资,而面对爱情时,他们重视仪式感,愿意用不同的方式表达和记录爱情。

可丽金

I DO

口香
牙膏

悦己
消费

社交
自信

自我
价值

单身
主义

消费新趋势
爱情72变：悦己及人，勇敢说爱

"一代人终将老去，但总有人正年轻"，正如刺猬乐队在《火车驶向云外，梦安魂于九霄》中唱的那样，一代人有一代人的青春，一代人的爱情观与他们成长的时代同频。

Z世代的爱情观，是理性和感性的交织，呈现十分多元的价值取向。有的年轻人喜欢自在无拘束的生活,单身是他们追求的态度,结婚不是必选项,更不是他们安全感的来源;有的年轻人面对高昂的居住成本和生育成本,对婚姻望而却步;还有的年轻人并不排斥爱情和婚姻,但是他们态度佛系,随遇而安;当然,也有人面对爱情会选择主动出击,勇敢求爱,把婚姻当成是最终归宿。

贝壳研究院的《95后新社会人婚恋居住调查报告》显示,24.3%的95后男生享受恋爱但不愿意结婚,女生是31.4%;男女单身主义者分别占5.1%和10.5%;丁克主义者占比也不低,男女分别占4.3%和4.1%。因此,对于当下年轻人而言,从爱情到婚姻的这条路不再是唯一,他们有着丰富多样的选择。

单身的时候,Z世代可以独自美丽,当爱情降临的时候,他们也可以勇敢热忱。许多人享受单身,却也对爱情和婚姻保持希冀,他们一边追求自由热烈又能产生灵魂共鸣的爱情,一边也会考虑现实因素,保持理性和克制。可以说,Z时代的爱情观,连接着他们所处的这个时代的价值观。年轻人的爱情观，也会直接影响他们的消费观，他们会为精致的单身生活不惜成本地投入，也会为自己向往的爱情和激情买单。

悦己消费：从寻找自我到展现自我

中国正在迎来"单身时代"。以安徽省民政厅发布的数据为例，2021年，安徽全省初婚的平均年龄分别为男性31.89岁，女性30.73岁，双双突破30岁大关。单身生活的乐趣、沉重的工作压力、高昂的生活成本，以及受教育水平的提升，都是年轻人选择单身的原因。

随着城镇化进程的加速，越来越多的年轻人离开家乡来到大城市工作，尤其是活跃在北上广深四个一线城市的年轻人，他们享受着繁华都市的多元生活，独身主义给他们带来了丰富的社交体验。同时，这些在大城市打拼的年轻人，普遍面临着高压的工作环境和激烈的市场竞争，为了扎根立足，加班、出差和"996"是很多人的常态。高昂的房价和生活成本也让年轻人喘不过气来，为了买车买房，积累物质基础，恋爱结婚组建家庭就被很多人当作了可以无限推迟的待选项。

受教育水平的提升也是年轻人选择单身的因素之一。对追求独立和自我价值的年轻人来说，他们会更严谨地权衡婚姻带来的利弊。统计数据显示，目前我国处于适婚年龄的未婚人口高达2.4亿，其中女性人口就超过了1亿。对很多女性来说，她们接受了良好的高等教育，拥有自己独立的事业和丰富的精神世界，享受单身生活和让自己舒适愉悦的生活节奏。

女性独立意识的觉醒，让年轻的女孩们可以充分审视内心，也影响着她们的消费习惯。京东消费及产业发展研究院发布的《2022年女性消费趋势报告》显示，女性在消费中呈现出更加多元的新形象，对女性而言，悦己消费不是买得更多或买得更贵，而是更贴近真实的自我，逐渐从寻找自我转换成展现自我。

对很多女性来说，悦己的第一步，就是让自己保持年轻愉悦的状态，"留住青春"是很多女性悦纳自己的重要方式。在这个快节奏的时代，紧张的生活总是无法避免，疲劳很容易让人陷入焦虑，加上经常性熬夜和使用电子产品，肌肤很容易老化。对Z世代女性而言，她们十分关注时下的护肤潮流，会互相"种草"，注重社交体验，也会为个性化产品和国货情怀买单。当然，最关键的仍然是产品的功效和肤感体验。Mob研究院发布的《2022年Z世代女性洞察报告》显示，Z世代女性中每月化妆品消费超过300元的比例高达64%，其中约有一半的人会选择新国货化妆品和护肤品。

《中国敏感性皮肤诊治专家共识》披露的数据显示，中国女性出现敏感性肌肤的比率达到36.1%，其中按敏感程度又可以划分为不同症状人群，足以说明抗敏感市场需求巨大。面对这一护肤需求，国货护肤品牌纷纷发力。随着国产品牌和受Z世代追捧的新兴渠道崛起，德勤与菱歌联合发布的《2021年零时差消费时代品牌顾客体验竞争力研究——Z世代护肤人群篇》认为，薇诺娜、玉泽等受欢迎的国货品牌通常会定位细分领域,然后在社交平台上通过持续"种草"来实现影响力传播,而产品力则是这些品牌能突出重围的第一要义。

> **国货潮起来 生活新方式**
>
> 来自西安的国货美妆护肤品牌可丽金,在重组胶原蛋白产业化领域进行了长时间的探索,针对皮肤年轻化护理推出了系列护肤产品。东方卫视《国货潮起来》节目中亮相的可丽金胶原大膜王面膜,在专研成分Human-like重组胶原蛋白仿生组合的基础上,复配了新一代超维A-HPR,打破了传统抗初老成分A醇的局限性,不需要经过体内转化过程,可以直接被肌肤吸收,进而充分改善因胶原蛋白流失而引发的皱纹、松垮、干涩等老化现象,让敏感肌人士也可以安心抗老。

"玉面耶溪女,青娥红粉妆",在可丽金的加持下,女性的肌肤可以长期维持良好的状态,她们在这个纷繁的世界里可以放心大胆做自己,面对亲密关系时也可以更加理智,正如同脱口秀演员何广智在《国货潮起来》中表达的观点:"拒绝恋爱脑,人间清醒很重要。"女性的悦己消费,更像是她们对自己的一种价值投资,让她们可以更好地活出自我。

爱需要勇气，也需要仪式

人始终是群居动物，享受一段时间的单身并不意味对亲密关系不再向往。当下年轻人婚姻状况的主要变化是初婚年龄的推迟，主动选择不婚的仍然是少数。对很多人而言，在喧嚣过后因重重心事而无法安睡的静谧夜晚，站在他乡的街头举目无亲的时候，抑或是徜徉在情人节汹涌人潮的孤独时刻，他们依然会渴望拥有一个亲密爱人，可以互诉衷肠，分担过往，排解寂寞。

对很多年轻人而言，爱情是他们丰富生命体验的一种重要方式。在爱情来临时，Z世代往往表现得更为勇敢，他们希望自己的爱情能充满仪式感。鲜花、巧克力、香水、化妆品都是他们表达爱意的载体，他们愿意为自己珍视的情感买单。《新快报》的一项调查数据显示，Z世代对婚礼的个性化要求很高，2020年新人购买过的结婚核心品类平均5.2项，关注过的结婚相关泛品类平均4.1项，包括珠宝钻戒、婚纱、婚礼策划、酒店、婚车、家庭服务、婚姻咨询等。

珠宝是很多年轻人定情的不二选择。珠宝之所以受到追捧，是因为其稀有珍贵的特质和爱情的要义一脉相承，有着与生俱来的仪式感。第一财经商业数据中心联合国际铂金协会发布的《解码Z世代，驱动新增长——中国Z世代贵重首饰消费白皮书》显示，约四成的Z世代表示会通过送礼来传达爱意，其中超六成的Z世代女性表示最期待的礼物是承载另一半爱意的贵重珠宝首饰。

在各大珠宝品类中，钻石品牌占据着主导地位。目前国际上市场占有率较高的首饰品牌，比如蒂芙尼、卡地亚等都以钻石类首饰为主。钻石质地坚硬，历经风雨洗礼始终熠熠生辉，作为爱情的见证再合适不过了。

婚戒品牌I Do正是看到了Z世代注重爱情仪式感、愿

意为情感需求买单的流行趋势,选择与欧洲珠宝设计大师合作,根据最前沿的流行审美设计首饰的款式,**致力于成为年轻人追求爱情的信物和见证**。同时,I Do也非常重视为年轻人创造爱情和婚姻的体验感,在每一间I Do门店里,都摆放着粉红玫瑰,也设置了与婚姻爱情有关的主题文化展览区域,部分门店甚至设有可以供情侣交换信物的求婚区域。这种体验式的营销,让年轻人购买爱情信物的时候也有了别样的仪式感。

> **国货潮起来　生活新方式**
>
> 网络红人王濛在《国货潮起来》节目中提到:"总忧虑未来的人是不配拥有现在的,因为无法预知下一秒,所以要把握现在。"I Do钻戒恰如其分地为年轻人提供了这份把握当下、勇敢求爱的底气。"I Do"是婚礼上新人常用的一句誓言,誓言虽短,却需要用一生去实践并兑现。

在2021年的电影《爱情神话》中,风情万种、有钱有闲的格洛瑞亚在发现自己得不到老白的爱情时,虽黯然神伤,却也自信坚强;而看起来冷静克制的都市丽人李小姐，对亲密关系的欲望却从未消减，可见人们对爱情的解读和诠释方式有千千万万种。

正因为爱情有无数种样子，Z世代的情感消费需求也千变万化。在没有爱情的日子里，Z世代选择大胆做自己，他们爱得灿烂，笑得洒脱，愿意为悦己消费，通过投资自我实现从悦己到越己。而当有一天爱情来临的时候，Z世代也有底气和勇气去追求爱情，愿意将仪式感赋予他们眼中的完美爱情，为之痴狂，勇敢买单。

无论是可丽金还是I Do婚戒，它们都是看到年轻人眼中的"爱情72变"，看到了他们多元的情感消费需求，看到了他们无论是单身还是热恋，始终坚持自己的爱情主张，所以才获得了年轻人的喜爱，成为年轻人投资自我和追求爱情时的极佳选择。对于国货品牌而言，Z世代多元的爱情价值观，创造了无数的细分消费需求赛道。舞台一直都在，等待更有眼光的国货品牌登场亮相。

新国货方案
冰泉:"口香"成为社交密码

传统快消品类中的新品牌,正在受到资本的关注。

2021年10月,彼时成立尚不到3年的口腔护理品牌"冰泉"获得了千万美元的B轮融资,由头头是道领投,三七互娱、洛克资本、美味资本、百度风投和碧桂园创投跟投,而在此前的2021年4月,冰泉获得A+轮融资,百度风投领投，华颖投资、碧桂园创投跟投。更早前的2020年9月，BAI（贝塔斯曼亚洲投资基金）对"冰泉"进行了A轮投资。

口腔护理赛道蕴含无限商机，但冰泉主打的产品是基础品类牙膏，牙膏是具有功能属性的传统快消品，听起来并不是十分时髦的生意。然而，嗅觉灵敏的资本却仍然迅速找到了冰泉，因为冰泉在赋予牙膏更多的社交属性方面做了一些开创性的探索，成果斐然。

在冰泉创始人程英奇看来，传统口腔护理类产品的价值感低、品位低、颜值低，恰好给了冰泉机会去做更好看、更好玩、更具时尚品位的口腔产品。冰泉开创式地推出了口香牙膏，首款产品口香糖牙膏拥有粉蓝色包装，颜值能打，香味在市场上也是独树一帜。

于是，年轻消费群体的目光快速聚焦在冰泉的产品上。作为新锐品牌的冰泉，也在传统赛道中迅速找到了自己的位置。

一门拥有千年历史的生意

冰泉做的是一门历史非常悠久的生意。千百年来，人们对口腔护理的需求从未间断。

2003年，人们在奥地利国家图书馆的地下室中发现了一张古埃及莎草纸，上面古怪的象形文字描述了一种可以用于清洁牙齿的粉末，成分是岩盐、鸢尾干花、薄荷和胡椒粒，这就是古埃及人使用的牙粉。

在我国，《礼记》中有"鸡初鸣，咸盥漱"的记载，华夏先民早在几千年前就开始晨起后使用盐水漱口了。唐代时期，人们学会了将天麻、藁本、细辛、沉香、寒水石等中药研磨成粉，清洁牙齿，去除异味。南梁刘峻编的《类苑》一书中，更是记载了一首名为"口齿乌髭歌"的歌谣，记录了皂角、荷叶、青盐等经研磨熬制后，可以起到固齿的作用。

1870年，美国人在牙粉的基础上发明了以白垩土为摩擦剂、肥皂为发泡剂、甘油为保湿剂的牙膏。随着工业革命浪潮的兴起，牙膏工艺得到很大改进，牙膏品质不断升级换代，配方升级也让牙膏有了更强大的功能属性。

1955年，美国宝洁公司推出了世界上第一支含氟牙膏——佳洁士牙膏，牙膏开始有了预防龋齿的功效；20世纪70年代，日本狮王公司开了先河，将生物工程技术应用于牙膏研发，推出了加酶牙膏；1997年，美国高露洁公司率先将作为杀菌剂的三氯生添加到牙膏中。至此，功能疗效型牙膏轮番登场，占据了牙膏市场的绝大多数份额。在牙膏问世以来的200多年中，人们对牙膏的创新始终围绕着牙膏的功能属性。

作为传统快消品，牙膏行业竞争者众多。我国市场上诞生过不少深受消费者喜爱的品牌。例如上海牙膏厂的中华牙膏和白玉牙膏、杭州牙膏厂的小白兔儿童牙膏、柳州牙膏厂的两面针等。1992年起，高露洁、佳洁士等品牌相继进入中国，联合利华也收购了中华牙膏，三大外资品牌凭借强大的资金实力，通过全方位的营销推广迅速抢占了国内市场。直到2005年，定位高端的云南白药等品牌面世，国产品牌重新拥有了一定的市场份额。

到如今，美白、护龈、抗敏这些传统功能性需求早已得到了很好的满足。目前国内牙膏市场规模在400亿左右，前五大品牌（黑人、云南白药、舒客、佳洁士、高露洁）的市场份额总和高达60%～70%，市场格局多年不变。

直到2019年，黑马突围，冰泉作为牙膏赛道的新晋参与者，凭借在定位、颜值和口味上的创新闯入了消费者的眼帘。不到两年时间，冰泉的市场份额已经冲入了中国口腔品牌前十。2020年，冰泉全面上市第一年就卖出3000万支牙膏，2021年GMV同比增长400%，表现不可谓不惊艳。

挖掘传统赛道的新需求

2019年,拥有20多年日用化工品行业营销经验的程英奇下海创业,他选择打造一个牙膏品牌。在此之前,他先后操盘过蓝月亮洗衣液、索芙特、拉芳、滋源洗发水、法兰琳卡等品牌,不一而足。

在传统认知中,牙膏并不是容易做的生意。回想人们过去选购牙膏的经历,往往是在大卖场的货架上,在大同小异的包装款式中,寻找可以满足美白、护龈或抗敏等功能需求的产品,消费者驻足时间短,消费场景简单,很多时候甚至只需要选择最低价的含氟牙膏即可。近年来,虽然年轻群体选购牙膏的渠道慢慢从线下往线上转移,但也通常只是在"双11"期间囤够一年的用量,其他时间并不怎么购买牙膏。

事实上,牙膏生意确实难做。70%的消费渠道在线下,但是商超渠道的布局并不容易,获客成本高,行业竞争激烈，黑人、云南白药、舒客，以及外资的佳洁士、高露洁5个品牌占据了大部分市场份额，新兴品牌很难撼动行业格局。此外，消费者对牙膏的品牌及功效的认知相对固化，创新难度大。

然而，在冰泉联合创始人朱庆庆看来，看起来有些固化的行业蕴藏的机会却很大。"我们在日化行业积累了多年的经验，通过对各个细分赛道的研判，我们发现人们对口腔健康的关注度很高，但是牙膏这个基础品类赛道已经在很长一段时间里都没有诞生新品牌了。一些新的需求在慢慢酝酿，但还没有得到足够重视。对我们来说，这可能是个机会。"

消费者群体结构和喜好变迁带来了新的机会。女性、Z世代和一、二线城市的白领的消费习惯与过去相比已发生巨大的变化。这些新兴人群对亲密关系、社交往来有着非同一般的需求，好看、好玩、好用的产品成为他们追逐的目标。来自第一财经商业数据中心的资料显示，在2021年天猫平台口腔护理类产品消费人数中，女性的占比超过了

70%，Z世代的消费占比进一步提升，成为驱动口腔护理大盘增长的增量人群，来自一、二线城市的都市白领消费增速更快、占比更高，也是口腔护理市场的主要消费力量。

程英奇和朱庆庆敏锐地觉察到，消费者结构的迁移意味着在提升牙膏的社交属性方面是存在创新机会的。在程英奇看来，牙膏不应该只具备美白、护龈、抗敏等功效，年轻人应该拥有更加丰富多样的使用体验。在满足消费者对健康的基础需求之外，颜值经济的时代，时尚新颖也在逐渐成为消费者选择产品时的新标准，这就是冰泉的机会。

独创口香牙膏

冰泉选择将味道作为提升牙膏社交属性的突破口。

香味正在成为消费者选购牙膏时非常看重的一个要

素。第一财经商业数据中心的调研数据显示，近五成的消费者最关注牙膏的味道。但是目前市面上的牙膏香型却很单一，除了主流的薄荷香味，比较常见的就是果香、茶香、花香，以清新口气为主，新的味道踪迹难觅。

创业之初，冰泉的创始团队走访了法国和瑞士的牙膏市场，在法国市场发现了化学感很重的香水牙膏，消费市场群体比较小众。在朱庆庆看来，香味和牙膏的融合是有先例的，它可以给年轻人带来更加丰富的口香体验，也能让年轻人在社交场合更加自信。

于是，冰泉与全球四大香料公司——奇华顿、芬美意、德之馨、曼氏——进行了合作，希望能研发出让大众有惊喜感的香味。朱庆庆表示："随着电商的快速发展，年轻人喜爱的口香糖逐步失去了线下消费场景，销量一落千丈。然而，人们对社交和口气清新的需求却从没有中断。所以，我们选择从口香糖的香味入手，搜罗了市面上畅销的味道，逐一筛选比较，最终找到了适合融入牙膏的味道。"

冰泉口香糖牙膏2019年年中甫一面世，迅速引爆市场。年轻人用冰泉刷牙后，年轻、时尚、独特的香味让刷牙有了更好的体验，带来了好心情，清新的口气让年轻人在社交时可以更加自信。随后，冰泉接连向市场推出了有独特口感的口香牙膏，如奶茶香牙膏、冰淇淋牙膏、巧克力口香牙膏等，进一步迎合年轻消费者的口腔清新需求，由此完成了口香牙膏产品矩阵的构建。

为了让牙膏能成为更具审美属性的社交产品，冰泉在提升包装的颜值上也做了新的尝试，首款产品采用了粉蓝渐变的外包装，突破了传统牙膏品牌蓝白相间的包装限制，在社交媒体上受到年轻人的广泛追捧，测评和"种草"推文层出不穷。

程英奇很自豪，冰泉完成了对一个传统品类的产品升级，牙膏不再只是具有功效价值的生活必需品，它可以满足消费者的个性化需求，也同时具备食品的口味和美妆的颜值，并开始具有社交和情感交流价值。

好产品+好营销=好品牌

近年来云南白药、舒客等国产牙膏品牌通过推出高端产品，采取差异化定价策略，在攫取外资品牌市场份额方面，表现非常抢眼，云南白药甚至以15.2%的市场占有率排名行业第一。

朱庆庆说："高端产品的市占率在提升，这说明老百姓对口腔护理是非常舍得投入的，这给了我们做好产品的信心，相信年轻的消费群体会为高端产品的价值买单。"冰泉走高品质路线的决心很坚定。在牙膏生产过程中，冰泉加入了阿尔卑斯山冰川水；摩擦剂使用的是高清洁软性水合硅石，可以美白亮齿；起泡剂使用了复合氨基酸表面活性剂，温和、清洁、不刺激；还利用天然木糖醇和天然花果提取物来清新口气，口齿留香。

在产品推广上，冰泉采用了年轻人喜爱的方式，在短视频、小红书等社交媒体上"种草"，邀请头部主播直播带货，并邀请张雨绮代言，通过新的传播方式传递品牌内容与内涵，与消费者建立起紧密的情感关系，顺利打开了局面。

2021年5月，冰泉赢得抖音和快手口腔类目第一，口香糖牙膏荣获牙膏品类单品TOP2。2021年"双11"，冰泉天猫旗舰店位列牙膏类目前八、新锐品牌第一。虽然目标是吸引年轻人群，但是庞大的线下市场冰泉也没有放弃，销售渠道在屈臣氏、永辉、大润发等各大全国性商超卖场和CS（Customer Satisfaction，顾客满意）渠道全面铺开，线下网点数量已经超过了3万家。冰泉已经拥有线下、传统电商、新兴电商三大渠道体系，成为口腔行业中牙膏品牌排名前十的企业。

冰泉的快速发展，程英奇在营销端多年的经验发挥了关键作用。他给冰泉量身打造了营销目标：在主流电商平台天猫，冰泉要占据领先地位；在抖音小店、快手小店等新兴渠道，冰泉要打造领导地位；此外，还要布局传统线下渠道，让冰泉口香牙膏触达每个终端消费者。在他看来:"天猫是搜索电商,抖音是兴趣电商,快手则是典型的信任电商,或者说关系电商。渠道不同,客群特征迥异,需要通过精准的顾客关系去实现销售转化。店铺布局、店铺人设、产品组合、人群推广、脚本设计,我们都要做精心的准备。"

"如何能让冰泉牙膏更好地触达年轻消费者,我们做了很多功课,很庆幸我们当初花了那么多时间钻研不同渠道的客群特征,然后在不同的渠道采取了不同的投放策略。"回看在营销上的尝试,朱庆庆尤为感慨,"随着线上渠道流量成本越来越高,加上牙膏消费的主战场在线下,未来冰泉也将加大线下布局力度,实现线上买得到,线下看得到,最终形成消费循环。"

更大的战场

根据第一财经商业数据中心的调研数据,2020年,我国口腔护理行业的市场规模高达71亿美元，同比增速为6%。2020年，我国全年人均口腔护理消费支出136元，增速高达13%，但同时期韩国、美国和日本的人均口腔护理支出分别为2697元、2123元和1562元。中国口腔护理市场空间巨大。

过去人们对于口腔的认知无非是牙膏和牙刷，但随着社交场景的日益丰富和对口腔健康的重视，口腔护理的产品需求越来越多元化。虽然牙膏作为渗透率较高的成熟品类，升级态势并不突出，但整个口腔护理市场却呈现场景多元化的快速升级趋势。在快节奏的当下，早晚各一次的刷牙已经无法满足人们的社交需求，漱口水、口腔喷雾等新产品可以帮助人们随时随地清新口腔。不仅如此，牙线、牙贴、舌苔刷、洁牙笔、牙垢工具套装等产品都越来越受到重视。

"创业之初，我们就看到了口腔护理赛道的巨大需求。牙膏是品类中使用最广泛的产品，我们希望通过牙膏这个高势能品类去打造爆款产品，在消费者心中形成品牌认知，然后再将品类延伸至漱口水、口腔喷雾和其他产品。"朱庆庆这样描述冰泉未来的产品布局。

成功打造爆款牙膏后，目前冰泉产品线已经涵盖了漱口水、口腔喷雾、牙贴、牙粉、牙刷、牙线等品类。朱庆庆透露，下一步还将向电动牙刷和冲牙器方向拓展。

极致理性的消费时代正在消逝，Z世代对社交的需求与日俱增，消费趋势和消费逻辑正在悄然发生变化，冰泉正是挖掘到了消费需求的变化，一举将牙膏推上了社交舞台，才被越来越多年轻人喜爱。

至于牙膏之外，口腔护理的战场，冰泉的征程，才刚刚开始。

第六章 白日梦想家

在追求梦想的路上,我们无法时刻保持充足动力,时常需要一些出口,而丰富的居家生活可以创造一天中的第25个小时,让疲惫的我们重新蓄满能量。

医美级护肤

传统变革

德施曼

玻尿酸之父

清洁电器

黑科技创新

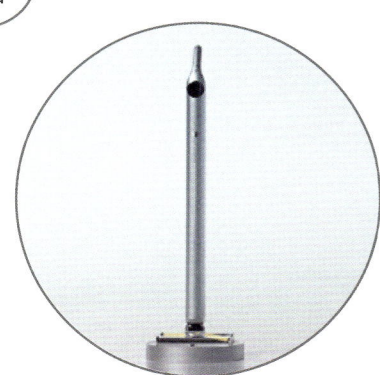

智能化家居

亿田

家居业转型

恒洁

消费新趋势
白日梦想家:居家生活的多种可能性

万物互联的时代,科技正在迅速改变Z世代的生活方式,年轻人的家居生活也变得越来越丰富。

当Z世代从睡梦中醒来的时候,咖啡机已经自动磨好豆子煮上了咖啡;忙碌了一天下班回家时空调已经调节到舒适的室温,音箱里也传来了曼妙的音乐;假期里,用投影仪观看一部电影，敷个面膜放松身心，室内灯光会随着自然光线变换而自动调节亮度。这些曾经想象中的居家生活场景，正在变成现实。

Z世代梦想中的居家生活，"智能"是关键的诉求之一。他们成长于互联网时代，真切地感受着科技带来的变化，习惯科技与生活的交融。

在旺盛需求的推动下，中国的智能家居产业发展迅速，智能家居走进了越来越多的中国家庭。前瞻产业研究院数据显示，2015年中国智能家居市场规模只有225.7亿元，而到了2020年则达到了2000亿元，年平均增速超过了55%。其中，2020年中国智能家居设备出货量为2亿台。

在智能化的大趋势下，年轻人也愈发追求居家生活的丰富体验，选择家居场景下的产品时，并不局限于家居品牌，并且从偏重实用角度的功能价值，逐步转移到情感价值和精神层面，也更注重产品的设计审美和附加价值。这为中国家居品牌带来了从"质"到"品"的关键迭代挑战，也为一些适合居家场景的非家居品类带来了新的发展机会。

高端卫浴：用科技疗愈人心

现代社会很多年轻人工作压力大，回家后可能还要面对父母、伴侣，甚至还要和熊孩子相处，当生活琐事带来的烦躁袭来，导致情绪面临崩溃的时候，洗手间成为很多人的避风港湾。从洗手间的门关上的那一刻起，成年人就拥有了一个独属于自己、不用维持体面的空间，负面情绪在这一刻，瞬间烟消云散。

洗手间里的平静时光，可以被称为"疗愈时刻"，它让那些朝夕相处的人之间有了适当的距离感，让相处变得更有分寸。在这方孤独而幽闭的空间里，人们经过短暂的放空，可以对生活节奏进行调整，整理好自己的情绪，然后重燃对生活的热爱。

在洗手间里，马桶无疑承担着最重要的角色，马桶的性能直接决定了独处时的舒适度。年轻人对马桶的要求通常包括三个方面：一是体验舒适，包括座圈加热、温水清洗、暖风烘干、静音落座等；二是除菌消毒，新冠肺炎肆虐以来，人们对马桶的健康卫生意识大幅提升；三是操作便捷，最好是可以通过面板或者移动设备进行遥控操作，无须躬身按压。

2015年，吴晓波老师在他的一篇文章中曾提到，他和团队去日本旅游时，发现很多中国人会从日本购买马桶盖带回国。彼时虽然中国制造已经是全球制造业不可忽视的力量，但是产品智能化水平并不高，因此很多人选择去日本购买智能马桶盖。

近年来，很多国内厂商看到了年轻人对智能卫浴产品的消费升级需求，围绕舒适、抗菌、操作便捷等核心功能，对马桶进行了持续的更新迭代。艾媒咨询数据显示，2020年中国智能马桶销量为821万台，2021年达910万台，增速约为11%，销量继续保持增长态势。

恒洁是目前国内智能马桶行业的佼佼者，针对不同人群需求推出了多款产品。其中，恒洁 R11 智能一体机是目前颇受欢迎的一款智能马桶。

> **国货潮起来　生活新方式**
>
> 在《国货潮起来》节目中，吴晓波谈到其设计与功能兼备：不仅荣获了2021德国红点设计大奖，而且在舒适度方面，恒洁 R11 智能马桶座圈采用了行业首创的双落座感应，成人和孩童落座后都能通过智能定位，自动调节喷嘴长度，轻松实现精准清洗。同时，高频脉冲按摩功能可以保证水洗的舒适性，体感甚至可以与SPA相提并论。抗菌方面，恒洁考虑到不同家庭的居住环境，比如高层住宅和老旧住宅区，R11采用了水劲能冲水系统，可以突破楼层、水压冲力的限制，让马桶的各个角落都能被快速冲净。操作方面，恒洁 R11 智能马桶的感应翻盖，免触灵敏度非常高，不再需要使用者弯腰手动，可以大幅改善如厕体验。

可以说，以恒洁为代表的中国智能马桶行业，已经彻底改变了国人的购买习惯，人们不再需要去日本或其他国家购买智能马桶盖，他们通过敏锐地捕捉需求和持续的产品升级，为中国家庭的居家生活创造了最后一片心灵净土。

多功能厨电：蒸、炸、煎、烤全都要

Z世代在一些人眼中是"十指不沾阳春水"的一代，然而事实上他们自己下厨的比例非常高。根据艾媒咨询的统计数据，2021年，中国Z世代中有40.7%的人会每周在家做饭，这其中每周做饭4～10次的比例高达49.4%。

Z世代成长在物质丰富的时代，他们热爱八方美食，注重食物的口感、味道和颜值。同时，食物也是进行社交和表达生活主张的载体之一。在热门社交平台小红书上，美食类内容在垂直品类中位居前列，许多美食博主会在小红书上分享食物，从而引发更多年轻人的效仿。

当年轻人爱上自己下厨做饭时，厨房的重要性便日益突显。作为一日三餐的主阵地，厨房可以说是承载了人们对美好生活的全部想象。受限于居住条件，年轻人的居住空间普遍不大，厨房大多是L型或一字型，面积通常不会超过10平方米。但是，年轻人对于厨电的需求却非常多样，他们热衷于研究形形色色的美食，中式菜肴讲究蒸炒烹炸，西式烹饪则多采用烘焙煎烤，年轻人则两种都想要。

在有限的厨房空间内，如何安放尽可能多的厨电，是很多年轻人正在面对的课题。**集成灶的出现，很好地满足了年轻人对多样化厨房电器的需求。** 集成灶可以集蒸、炸、煎、烤等各种功能于一体，占地空间小、能效比高，可以给用户带来丰富的烹饪体验。据中怡康统计，2015—2020年，我国集成灶零售额市场规模从48.8亿元增长至181亿元，年均增速高达29.97%，火爆程度可见一斑。

以亿田蒸烤独立集成灶为例，它采用48L蒸箱+26L烤箱的双腔独立内胆，蒸烤兼备，左蒸右烤，双腔驱动，同步运行，相较单独烹饪，可节省出近一倍的时间。 此外，传统厨房很难解决的油烟难题，亿田集成灶也有了解决方案，他们采用"侧吸下排"吸烟技术，改变传统"上吸上排"的吸烟方式，最大程度上减轻了油烟对人体的危害，为年轻人的小家创造了更加健康的下厨环境，受到了年轻人的广泛喜爱。

智能安防：要安全感，也要审美在线

随着独居成为越来越多年轻人的生活选择，家庭安防也逐渐成为智能家居品类中一个不容小觑的市场。CSHIA Research发布的《2020中国智能家居生态发展白皮书》显示，家庭安防是中国智能家居产品用户需求度最高的品类，高达92%。

对年轻人而言，有品质的独居生活往往需要两重保障：一是安全性，尤其是对独居女性而言，她们需要一个安全、私密的个人空间；二是便捷性，独居人群最害怕面对的就是忘带钥匙却又求助无门的尴尬局面，如何省去这个烦恼，对年轻人而言至关重要。

智能门锁的出现，就很好地提供了这两重保障。区别于传统机械锁，智能门锁通常具备指纹开锁、密码开锁、人脸识别开锁、手机App开锁等功能，使用时更加便捷。

智能安防类家居设备主要包含智能门锁、智能猫眼、智能监控和红外报警器等，前瞻产业研究院对数据进行整理后发现，智能门锁在精装修市场的配置率为64.6%，明显高于11.4%的智能开关、4.8%的智能晾衣架等智能家居产品。

从中国居民人均可支配收入与消费支出逐年增长，以及近年来《守护解放西》等警务纪实节目的广受关注可以看出，今天人们的消费能力和安全防范意识都有显著提升。在这个基础上，越来越多的消费者愿意在保障自我人身财产安全方面投入更多成本，进而推动了安防类智能家居设备的需求进一步增长。

尽管市场需求明显，但目前智能门锁在中国的渗透率仍不到10%。根据奥维云网数据显示，韩国是2019年全球智能门锁市场渗透率最高的国家，渗透率高达75%。可见中国智能门锁市场未来依然具有很大的增长空间，不仅传统安防企业开始积极向智能化转型，三星、美的、海尔等家电品牌也纷纷跨界入局。

> 在《国货潮起来》节目中，嘉宾说德施曼电子锁是最具安全感的产品，它采用了商汤科技和奥比中光的人脸识别技术叠加的最高防盗标准等级C级锁芯，即便是最厉害的开锁专家也需要270分钟才有可能打开。

德施曼作为国内最受欢迎的智能门锁品牌之一，一方面注重技术研发，不断提升产品安全性能，比如其3D人脸识别功能，将生物识别技术与摄像头等硬件设备进行深度融合，不论用户是化妆、戴眼镜还是在照明条件不佳的情况下，都能精准识别。另外，只要开启"静默式人脸防劫持报警"功能，当独居人群遇到危险时，只需要在开门时，对着门锁闭眼或张嘴，系统便会自动监控报警。另一方面，德施曼也观察到了年轻消费者对产品颜值的追求，对智能锁的外观设计别具匠心。德施曼旗下一款名为"月光宝盒Q8FPro"的产品，悬浮式的玻璃材质在光线照射下会熠熠生辉，相较于常规的智能门锁，增添了创新的审美价值和大众熟知的故事内涵，赢得了不少消费者的喜爱。

中国的家电产业是少数在全球具备核心竞争力的产业，恒洁、亿田、德施曼等家电品牌面对个性张扬、自信活泼的Z世代，在智能化的道路上进行了不懈的探索和尝试，对产品性能、外观审美等细节持续锤炼打磨，最终脱颖而出。

未来，Z世代一定还会渴望更加智能化的家电产品，人工操作的比例还会持续下降。科技正在改变年轻一代的生活，也给中国的家电企业带来了更加深刻的命题。技术的迭代没有止境，智能家居的天花板没有上限，对非家居类企业而言，其中也同样蕴藏着无限商机。

新国货方案
追光：中国家庭的穿梭者

千百年来，中国家庭的清洁革命从未中断。从扫帚、拖把、吸尘器到扫地机器人，清洁工具经历了一代又一代的更替，但始终在中国家庭中扮演着重要的角色。今天，随着生活节奏的加快和科技的进步，越来越多的中国家庭希望可以解放双手，远离重复繁杂的家务劳动。

在所有清洁类家务中，拖地可以说是最烦琐、最累人的家务劳动，需要人们长时间保持弯腰状态，频繁洗涮拖把，甚至需要手动清理。吸尘器、扫地机器人等过去的网红家电，虽然为日常清洁带来了便利，但始终无法实现拖地带来的深度清洁效果。正因如此，这些曾经红极一时的清洁电器最终难免沦为闲置物品。

直到集扫地和拖地功能为一体的洗地机的出现，让解放双手第一次真正成为可能。洗地机是近年来增速最高的家电品类，但作为新兴品类，洗地机在技术上依然存在一些难题亟待解决，用户的使用体验仍有很大提升空间。"追光"是洗地机赛道的新晋参与者，创始团队希望以设计和技术的极致追求，来解决家庭清洁中的难点。

物理学家爱因斯坦16岁时设想过一个著名的"追光实验"，这后来成为狭义相对论的起点。100多年后，"追光"的创始团队希望用产品研发和技术创新将现代人的生活方式再往前推进一步，实现"为全球家庭每天节省一小时家务时间"的品牌目标。

爆发的洗地机行业

第七次全国人口普查数据显示,中国家庭小型化趋势愈发明显,家庭户均规模已经下降至2.62人,跌破了"三口之家"的数量底线。与此同时,单身成年人口的数量快速增加,大约有1亿年轻人选择独居生活。从三代同堂到三口之家,从二人世界到一人独居,可以说中国家庭已经走进了全新的居住和消费时代。

随着清洁技术的进步,以洗地机为代表的智能家居,正在成为人们表达生活态度和价值主张的重要载体。追光洗地机品牌合伙人宾烨表示:"今天的都市人身处生活节奏快、工作压力爆棚的时代,居家生活成为他们休憩放松的难得机会,人们对于智能家居的需求非常大。我们观察到,当下的中国家庭比过去任何时候都更关注生活品质和消费体验,新锐一代的消费群体愿意为价值买单。"

与西方家庭普遍采用地毯铺设地面不同,中国家庭普遍以硬地为主，且扫地后有拖地习惯，这就决定了扫地和拖地这两种需求始终共存。从目前的地面清洁产品来看，无论是扫地机器人、无线吸尘器还是蒸汽拖把，都无法真正解决地面清洁过程中的拖地痛点。

2016年，洗地机横空出世。然而，由于当时技术还不够成熟，加上消费者的目光还没有聚焦于此，市场反响平平。此后几年间，高端清洁家电赛道产品不断迭代，集干湿垃圾同步处理、吸拖一体、滚刷自清洁、免手洗等功能于一体的洗地机开始走向市场，属于洗地机赛道的春天终于到来。

奥维云网数据显示，2019年洗地机市场规模尚不足1亿元，但是2020年一年内规模暴增至12.9亿元。其中，在线上市场端，洗地机在清洁电器中占比达到6.2%。2021年全年洗地机市场规模更是突破50亿元，市场呈现高速增长态势。

"追光"问世

追光的创始团队背景多元，在产品研发、供应链管理、海外市场、品牌、社交电商等方面都有着非常丰富的经验。在汹涌的工业革命4.0浪潮中，家电是中国为数不多掌握核心技术的行业，追光团队正是看到了洗地机作为清洁电器所蕴藏的巨大市场空间，因此选择进入这一崭新赛道。

谈到赛道选择，宾烨表示："家庭在我们每个人的生命中都扮演着十分重要的角色，我们希望围绕家庭场景去做一些有价值的事情。团队对此进行了深入思考，我们希望切入的领域具有高频且标准化的使用场景，且能通过技术赋能生活方式，家庭清洁非常符合这个定位。在家庭清洁场景中，洗地机可以解决拖地痛点，因此是最具成长空间的品类。"

纵观整个市场，洗地机产品仍然处于"野蛮生长"阶段，产品存在的通病包括清洁顽固污渍弱、残留水渍、清洁死角难、毛发缠绕等，而入局者追求销售的求成心态远远高于对解决清洁痛点的用户心态的洞察。与很多初创消费品品牌将重心放在营销端不同，追光在创业之初，就将产品视为基石和生命线。

在智能技术成熟和资源极度同质化的当下，追光专注清洁场景痛点，组建全栈式自研团队，联合500多家供应商潜心探索，从技术研发、外观设计到功能定义，乃至每一颗螺丝钉的采购都由团队自主完成。追光的首款产品于2021年4月28日开始预售，"618"大促期间正式上线销售。截至2021年年底，追光首款洗地机销售额已经破亿，成绩斐然。2022年3月，追光推出首款全自研产品追光Zen系列，引起行业轰动。

宾烨表示："根据我们对市场需求的研判，洗地机的需求跟家庭成员的多少以及居家时间的长短成正比，对生活痕迹较多的家庭来说，洗地机无疑是很好的生活帮手。从人群来看，主要是母婴家庭、卫生精致人群和科技数码达人等，因此追光洗地机将目标锁定在30～45岁的一、二线城市的高净值人群。这一类人群目前大都处于已婚已育的人生阶段，家庭成员较多，居住空间相对较大，消费升级需求显著，因此对洗地机有着比较强烈的需求。"

重新定义产品

作为新兴品类，洗地机行业缺乏统一的行业技术标准，各品牌目前都是根据自己的认知研发产品。追光率先提出了自己的技术标准，尝试用"六维雷达图"来定义洗地机，即一款好的洗地机产品通常要具备6个技术特征，分别是清洁力、水技术、电技术、自清洁、人机交互和设计力。追光从这6个维度出发，对洗地机产品进行技术迭代，打造出了代际型创新产品——追光旗舰产品双向洗地机Zen系列。

追光Zen最重要的技术革新来自清洁力——首创DualClean

双向清洁科技。目前市场上的洗地机普遍采用单滚刷，单滚刷洗地机基于吸尘器的单向原理设计，但忽略了中国用户来回拖地的传统习惯，技术弊端在于回拖费力。追光从结构工程角度出发，开创性地将双向清洁技术应用于洗地机，即双滚刷+双电机+双水路+双风道+双向助力的结构突破，相当于一台洗地机拥有两台洗地机的清洁效率。

这并非简单的1+1=2。

因为双滚刷洗地机不等于双向洗地机，市面上也有"双滚刷"产品，但并没有双水路、双风道、双向助力的结构支撑。这类产品的前滚刷有水路，而后滚刷没有水路进行活水自清洁，洗地机向后滚动时其实是在反复抹地，越拖越脏。

传统的单风道洗地机无法完成回拉洗地的原因之一是没有后风道，污渍容易残留在地面。追光团队对人字形双风道的结构、吸口大小和气动功率[1]进行了深入思考：如何才能既保障前后风道气动功率，又不大幅提高风机功率，导致电量消耗过大而影响续航？在经历了近百个手板实验后，追光实现了46 aw的气动功率，也保障了电池30分钟左右的续航，成功攻克了最具有挑战的人字形双风道难题。

得益于核心团队多年来积累的行业经验和敏锐的洞察力，追光在产品设计上也实现了"向前一步"。追光设计了暗处激光照亮和零贴边踢脚线刷，激光照亮可以用于发现床底、桌底隐藏的脏污，而零贴边设计，则可以最大限度提高侧清洁能力，彻底解决卫生死角的清洁难题。此外，追光Zen还升级了脏污感应技术，可以让洗地机实现自动变频清洁。

追光Zen的创新之处还不止于此。

---

[1] 吸尘器的AW值叫气动功率（AirWatts），单位是aw，即空气瓦特或者空气瓦茨。气动功率比产品功率本身更能体现吸尘器的性能。机器在出厂时都测试过气动功率，能反映真实使用过程中的吸尘能力。

水技术方面，追光采用酸碱双电解水技术，碱性电解水作用于前滚刷深度去污，酸性电解水作用于后滚刷杀菌洗地。同时还首创了活水循环清洁系统，可以不断过滤并重复使用脏水，大幅提升用水效率，这也是追光在低碳可持续清洁上所进行的探索。

电技术方面，追光采用3倍快充技术，30分钟即可完成对4000毫安电池的充电，大幅领先于行业平均3～4小时的充电时间。此外，如果电池续航不足，充电10分钟即可洗地30～50平方米，有效解决洗地过程中需频繁充电的问题。

自清洁方面，机器可以判断清洁时长并调整自清洁的时间，采取全路径电解水自清洁杀菌，并增加了烘干香薰功能，解决了市面上一些产品存在的滚刷异味的问题。人机交互方面，追光首创了前推后拉双向助力技术，使用体验更加轻松便捷。产品设计方面，追光Zen外观简约，机身直径仅有8厘米，采用了无螺丝钉一体机身和人体工学手柄设计，更加符合品质家庭的审美取向。

宾烨表示:"追光的品牌和产品理念都秉持Clean[1]的元素,产品外观在实用的基础上坚持简约设计(Clean Design),并积极融合人工智能和低碳诉求,持续探索清洁技术(Clean Technology)。我们希望它不仅仅是一个清洁工具,更是可以像苹果、特斯拉那样,成为可以象征我们这个时代的智能新物种。"

追求极致的用户体验

宾烨表示,追光希望能让不同消费能力的中国家庭都选到合适的洗地机产品,全自研的旗舰产品将继续引领行业创新,同时也会布局主流市场机型,让创新技术和家族化设计惠及更多的家庭。目前追光团队中有两个小组直接对用户负责:一是客户服务小组,关注并帮助客户解决在售前、售中、售后过程中遇到的一切问题;二是用户研究

---

[1] 英文单词,有"简约的""清洁的"等含义。

小组，会针对清洁问题、地板形态和用户痛点等开展用户研究，为产品定位和功能研发提供支持。

为了让产品更好地触及目标客户，2022年追光发起了"追光会客厅之100个家的漂流日记"活动，希望用户把对追光洗地机的使用体验传递给身边的亲朋好友，扩大产品的口碑传播范围，让更多的消费者参与到全新生活方式的传递中来。

追光在做的事情，实际上是在向中国家庭传达一种生活理念——自在生活，从现实世界到内心世界，无时无刻不在"清洁尘埃"，获得自在。因此，追光希望给用户带去好产品和用户极致体验的同时，也希望和用户在生活方式上产生共鸣。

2007年年初，微软公司创始人比尔·盖茨在美国《科学人》杂志上发表了一篇名为《每个家里的机器人》的文章，他在文中提到"机器人即将重复电脑崛起的道路，在每个家庭逐渐普及，最后彻底改变这个时代的生活方式"。

15年过去了,这个预言正在成为现实。追光所看到的未来的清洁产品世界,不再是数百年来所习惯的"以工具为中心",而是跨越到了真正的"以人为本"的时代。宾烨表示:"我们希望改变过去由工具定义场景的方式,不再将家庭清洁简单分类为扫地、拖地、吸尘等场景,而是围绕'人'来定义场景,将家庭清洁分成有人场景和无人场景,相应的产品就是手持产品和机器人产品。目前洗地机器人的落地还面临技术突破,但这是我们努力的方向,未来我们将通过持续的产品迭代,逐步打造属于追光的智慧家庭生态。"

从家庭清洁机器人的先锋品牌,到生活方式的引领者和倡导者,再到智慧家庭生活的推动者,追光穿梭于千万个中国家庭中,并且一直在路上。

凌博士：科学变美

"玻尿酸，就像上帝用来制造亚当和夏娃的黏土。"中国台湾演员大S在《美容大王2》一书里这样描述玻尿酸。

这本书出版于2007年，彼时玻尿酸对大部分人而言，还只是一个躺在课本上的名词而已，陌生又遥远。谁也不曾料想，短短十几年间，玻尿酸已经迅速飞入了寻常百姓家，成了风头无两的美容神器。

玻尿酸从未像今天这样受到人们的瞩目。医美机构的美容项目、护肤产品，以及各种化妆品的成分表上都可以看到玻尿酸的存在，保湿、除皱、填充、美肤，玻尿酸的每一项功效对爱美的女性来说都如同"救命"的解药。

坊间一直流传着"山东玻尿酸，撑起了全世界女人的脸"的说法，因为山东是目前国内乃至全球最大的玻尿酸原料产地。当地玻尿酸产业蓬勃发展的背后，离不开一个人，他就是国际欧亚科学院院士、山东大学国家糖工程技术研究中心主任——凌沛学，被誉为"玻尿酸之父"。

凌沛学院士近四十年如一日，潜心投入玻尿酸的研发与应用，将热血和青春都投入了这个让人科学变美的行业。2021年，凌沛学加入梅晔生物后，参与打造了功效性干皮抗老护肤品牌"凌博士"，同年4月第一款产品——"凌博士塑颜修护面膜"正式上线。这款面膜以独家专利全分子量玻尿酸为核心成分，主打紧致抗衰功效，上线伊始销售量就突破了10万盒。

属于玻尿酸的时代

玻尿酸是一种人体内不可或缺的天然物质，大多分布于眼球、膝盖滑液和皮肤等部位。但是，玻尿酸在人体内的含量十分稀少，一个成年人体内的玻尿酸含量仅仅只有15克，且随着年龄的增长，人体合成玻尿酸的能力也会逐渐下降，进而导致人体内玻尿酸含量减少。为了满足人体机能的高效运转，人们往往需要补充适量的玻尿酸。

玻尿酸在人体皮肤保湿、关节润滑、创伤愈合等方面发挥着关键作用，因此玻尿酸的应用十分广泛。例如在医疗健康领域，玻尿酸常常被用作眼科人工晶体植入手术的粘弹剂和关节手术的填充剂，或者是被添加到滴眼液中用于眼部保湿，缓解眼睛疲劳。

而在美容护肤领域，玻尿酸更是声名大噪。一方面，玻尿酸的补水保湿性能十分强大，因此会被添加至化妆品中作为保湿剂，像是一些大众耳熟能详的国际大牌化妆品公司，都会从山东采购玻尿酸原材料；另一方面，玻尿酸强大的抓水力能够让肌肤恢复嘭弹充盈，可以作为填充剂，通过注射的方式进行面部塑形。

颜值经济盛行的当下，追求美丽被很多人视为毕生的目标，以至于美容美妆行业在消费品赛道中一骑绝尘。庞大的美容化妆品市场中诞生了很多千亿级需求的赛道，作为"美容圣品"的玻尿酸更是备受追捧。资本市场的玻尿酸概念股受到了持续热捧，A股玻尿酸三巨头华熙生物、昊海生科和爱美客收获了极大的市场关注度。

火热的赛道催生了庞大的需求，对化妆品的品质也提出了更高的要求。首款产品"凌博士塑颜修护面膜"一炮而红之后，"凌博士"逐步丰富了旗下的产品矩阵，目前打造了蓝色和粉色两条核心产品线。蓝色产品线主要解决面部细纹、松垮、干燥等初老问题，主打补水、保湿、紧致功效；粉色产品线主要针对暗黄、毛孔粗大等胶原流失引起的肌肤问题，可以帮助皮肤加快自我更新，让面色保持光亮和水嫩。

凌院士表示："玻尿酸对于皮肤的呵护作用已经通过科学实验得到了证实，但是玻尿酸在化妆品中的运用效果还需要技术持续的支撑。2020年，我们团队经过技术攻坚推出了新一代玻尿酸——全分子量玻尿酸，其最小的寡聚分子量可低至1304道尔顿，最大分子量则能到达100万道尔顿以上。寡聚分子渗入基底层，深层补水；小分子深入真皮层，为胶原蛋白提供湿润环境，提升皮肤弹性；中分子强力抓水，并在使用过程中提供清爽肤感；大分子停留在皮肤表面，起到保湿润滑的作用。这对玻尿酸研究和化妆品研发是一项革命性的突破。"

四十载科研路

玻尿酸的历史可以追溯到80多年前。1934年,哥伦比亚大学的眼科教授卡尔·梅耶在一次实验中,意外从牛眼玻璃体中提取出一种多糖,即透明质酸。后来,中国台湾学者在翻译这个单词时,将Uronic acid(糖醛酸)误看成了Uric acid(尿酸),因此将这种多糖误译为了玻尿酸。

从玻尿酸被发现到批量制备,经历了非常漫长的时间。西方科学家从链球菌培养液入手,经过一系列复杂转化、提纯,逐渐掌握了制备玻尿酸的方法。1979年,安德烈·巴拉兹博士申报了玻尿酸制备专利,西方自此开始了玻尿酸量产之路,并逐步在医疗健康和美容护肤领域探索应用。

当时中国的玻尿酸产业还是一片空白。

1983年,20岁的凌沛学成了中国著名生化药学家张天民教授的研究生，并开始进入玻尿酸研究领域。当时国内没有玻尿酸的具体制备方法，凌沛学的研究工作举步维艰。为了搜集研究原料，凌沛学选择在肉联厂和医院之间来回奔忙。他一边到医院产房搜集脐带，一边到济南肉联厂穿上杀猪的工作服，在生产线上获取猪眼、牛眼、公鸡冠，然后再把这些原料往实验室里送，并从中提取玻尿酸进行研究。

功夫不负有心人，经过潜心研究和尝试，凌沛学终于从公鸡冠中提取出了化妆品级别的玻尿酸。可惜的是，用这种方法制备玻尿酸需要较长的周期和高昂的成本，玻尿酸的量产依然无法实现。

20世纪80年代末，凌沛学率先采用生物制造技术来制备玻尿酸，通过对菌种构建和生产工艺的持续改进，终于在90年代初成功使用生物制造技术实现了玻尿酸的量产。在保证了纯度和品质的前提下，玻尿酸提取成本大幅降低，从一公斤几万元的价格一路降到几千元。这也使得中国玻尿酸的生产不再依赖动物原料，不仅提高了产品质量,更奠定了产业化的基础。这是一个转机,它扭转了中国依赖进口玻尿酸原材料的被动局面。

凌沛学表示:"整个80年代我们跟着国外跑,90年代并排跑,2000年以后我们领跑。"从追跑到并排跑,再到领跑全球,玻尿酸的前世今生也正是一部中国生物医学发展史的缩影。

让护肤更科学

玻尿酸制备成功后,凌沛学带领团队开始了玻尿酸产业化的探索,在他看来,科研成果不应该仅仅停留在实验室里。

凌沛学的初心是制药。

1994年,凌沛学团队推出全球首款含有透明质酸的滴眼液"润舒",用于治疗结膜炎等眼疾。1999年,主打缓解视力疲劳功能的滴眼液"润洁"上市,当年润洁的广告语"持久滋润,清凉舒适"一度风靡大江南北。

在制药之外,玻尿酸的护肤功能也越来越被人们熟知。经研究发现,玻尿酸对皮肤主要有三重功效,分别是保水、减缓角质细胞分化和清除自由基。人们对添加玻尿酸成分的化妆品的需求,也随着对玻尿酸认知的深入而水涨船高。

目前,中国出产的玻尿酸原料已经受到了很多国外大牌化妆品公司的青睐,资生堂、雅诗兰黛、兰蔻等品牌都会在中国采购,中国已经成为全球最大的玻尿酸原料生产销售国。弗若斯特沙利文发布的《2020全球及中国透明质酸(HA)行业市场研究报告》显示,2020年全球透明质酸原料市场销量达到600吨,2016—2020年复合增长率为14.4%,预计在2025年市场销量将达到1223吨。2020年中国透明质酸原料的总销量已占全球总销量的81.6%,全球玻尿酸原料销量排名前五的企业都来自中国。

凌沛学表示："我们拥有制备玻尿酸的先进技术，玻尿酸原料的价格也并不高昂，但是国内却没有高性价比的玻尿酸化妆品品牌。因此，我们尝试运用全分子量玻尿酸这一最新的科研成果，通过'凌博士'这个品牌，来告诉消费者什么是真正的玻尿酸，什么是真正的玻尿酸化妆品，如何进行科学护肤。"

所谓的全分子量玻尿酸，是整合了酶工程切割、梯度光热处理及低温干燥等技术，让玻尿酸具有产量高、质量稳定、安全环保等优势。在此基础上，通过不同分子量的配比实现功效的差异化，从而满足消费者对化妆品的个性化需求。凌沛学表示："目前'凌博士'的产品定价是100～300元，与国外大牌相比性价比很高，因此受到了很多消费者的喜爱。"

以主打产品"凌博士凝时弹润修护精华乳"为例，这款产品是以全分子量玻尿酸为核心成分，复配中科院专利成分——中科蓝智的甘油葡糖苷（简称GG），和广东药科大学专研成分——六肽合一等活性成分，通过倒金字塔型靶向填充，效用直达真皮层，和水乳搭配使用，可以实现蓄水、紧致、嘭弹三重功效，为轻熟肌人群提供抗初老护理，因此也被粉丝们亲切地称为"青春水乳"，备受追捧。

研发是生命线

与当下很多营销驱动型的新消费品牌不同，"凌博士"更专注于产品研发。当流量变得不再那么容易获得，很多新消费品牌惯用的"营销获客"玩法难度越来越大。品牌壁垒的构建越来越依赖产品本身，尤其是在消费升级的背景下，产品品质成为突围的关键所在。"凌博士"将研发视为产品的生命线，团队用近40年的积淀，脚踏实地走出了一条科研为本的道路。

目前，"凌博士"在上海组建了自有研发中心——凌博士研发中心，专注提升配方的功效性与安全性；在山东青岛成立了国家糖工程技术研究中心——梅晔生物医药研究院，致力于研发市场领先的高功效原料；在广州与权威功效检测中心合作，对每一款产品进行切实的功效测试，让产品功效做到肉眼可见；同时，"凌博士"还在济南设立了医美业务中心，将医学与护肤行业进行有机结合，实现更高功效的护肤方式。

在凌沛学看来，之所以要在研发上进行庞大的投入，是因为目标客户群对功效护肤有迫切需求。凌博士的用户群体以25～40岁的一、二线城市女性为主，一方面，她们开始进入肌肤状态的下滑期，并因为熬夜、饮食、压力等，开始出现细纹、暗沉等不同程度的肌肤老化症状；另一方面，她们中绝大多数是职场白领或追求品质生活的精致妈妈，通常对化妆品的成分和原理有一定认知，有良好的护肤习惯，非常注重产品本身的功效和使用感受。

凌沛学表示："我们要打造的是功效性护肤品，需要根据目标客户群的年龄、皮肤特点以及皮肤问题的形成机理确定产品功效，进而锁定相应的原料进行配方研制，通过反复检验产品的稳定性和功效性，再推向市场。研发是'凌博士'品牌最为核心的环节，也是我们近40年科研成果的源泉。"

品质原料、前沿技术、精研配方支撑起了凌博士的产品力，而只有具备出色的产品力，消费者才会自发进行口碑传播，这也打破了化妆品行业过度的"营销获客"模式，让"凌博士"可以将更多的资金和精力投入到技术的研发和更新中。

属于玻尿酸的时代已经来临。2021年1月，国家卫健委发布公告将玻尿酸列为新食品原料，这意味着玻尿酸可以在普通食品中添加。一纸公文，为玻尿酸打开了新世界的版图。各种玻尿酸食品开始面向大众，玻尿酸气泡水、软糖、酸奶、植物饮料如雨后春笋一般出现，行业热度持续高涨。

国际权威期刊《自然》曾刊登文章称，实验证明90%的口服透明质酸可以被身体吸收，其中有一部分会留在皮肤组织中。凌沛学表示："我们团队对口服玻尿酸也已经进行了多年的研究，口服玻尿酸的吸收机制与安全性也得到了验证，对于改善皮肤干燥和减少皱纹确有效果，后续这也将是我们的产品研发方向之一。"

从1983年结缘玻尿酸到后来的全分子量玻尿酸研发，从"天价"到"量产"，从医用原料到国货护肤品牌，这条路凌沛学走了将近40年。未来，"凌博士"还将继续深耕"科学变美"这方天地，让更多的消费者青春常驻。

帝标家居：一把孔雀椅和30年奋斗路

在好莱坞经典商业片《史密斯夫妇》中，布拉德·皮特和安吉丽娜·朱莉扮演一对相爱相杀的夫妻。他们是俊男美女，颜值爆表，同时也是秘密杀手，一言不合就擦枪走火，叫人肾上腺素狂飙。在场面炫酷的打斗场面之外，最吸睛的无疑是史密斯夫妇的家。

史密斯夫妇家的厨房虽然面积不大，风格极简，但却暗藏玄机。橱柜可以通过智能按钮进行远程操控，每一个柜子都有丰富的储藏功能，可以满足主人的各种储物需求。同时，生活起居空间也是根据史密斯夫妇的需求量身打造的。

全屋定制让居家生活变得更加自如。得益于此，前一秒还是在厨房烤肉的家庭主妇简·史密斯，下一秒就可以成为舞刀弄枪的"女超人"。

来自中国成都的帝标家居和它的创始人郑红鑫，也有这样一个关于全屋定制的梦。

帝标家居成立于2003年，以软体家居为起点，经历了品牌更迭、产品开拓和门店扩张，在2020年开始向全屋定制转型。时光流转，变革的决心始终流淌在帝标的骨血里。

筚路蓝缕创业路

郑红鑫成长于木匠世家，16岁背着行囊离开故乡，只身来到成都学习木匠手艺。小小少年聪明好学，心思沉静，从学徒一步步走来，一干就是7年。从搭架、磨件，到装修、搭配，长年累月的积累，各种工艺已经熟稔于胸。技艺日臻纯熟的郑红鑫，并不甘心只做一个小小的木匠。凭借在家具行业多年的积累，他开始代理家具品牌，成为一名家具经销商，慢慢地在成都也拥有了属于自己的门店。

彼时的中国，刚刚迈过千禧年的门槛，也才加入WTO不久，正处于一个万象更新的时代。居民物质需求因为财富的积累而快速膨胀，消费者对流水线上生产的现代家具的需求与日俱增。家具产品不愁销路，经销商的生意几乎是"稳坐钓鱼台"，令人艳羡。然而，年轻的郑红鑫，志向还不止于此。

到了2003年，在摸熟家具销售的门道后，郑红鑫不顾身边众人异样的目光，开始创业，他要做一个属于自己的家具品牌。他从自己熟悉的布艺沙发入手，做经销商赚来的第一桶金是不够的，他又多方筹措资金，找地皮、建厂房、招工人、铺渠道，事事都亲力亲为。生产线建成不久之后，第一款沙发产品很快从生产线上"呱呱坠地"，郑红鑫将这款沙发命名为"迪彩"，并建立起了同名品牌。

创业之路，筚路蓝缕。由于经验不足，加上市场知名度不高，迪彩沙发利润微薄，销路也并不尽如人意。然而出师不利没有让郑红鑫退却，凭着当初独自闯成都的那股倔强劲儿，经过一段时间的蛰伏和打磨，不到三年的时间，"迪彩"的产品在二、三线市场就实现了基本立足。

就在此时，郑红鑫却再一次选择了壮士断腕。看到了消费升级的趋势，为了将产品推向更大的市场，他决心升级产品线，持续提升产品品质，并将"迪彩"更名为"帝标"，再一次选择从零起步。

正是凭借着这股不服输的劲儿，虽然经历几次起伏，但在郑红鑫创业的第10个年头，帝标不仅在四川省内稳稳站住了脚跟，也逐步开始向省外市场扩张。2013年，帝标家居已经在四川、湖北两省建立了5个生产基地，门店1000余家，10多个产品系列，产品矩阵渐成规模。根据不同城市的不同能级，帝标布局了不同的产品系列，在家具行业高速发展的草莽时期，帝标抢先一步开始了差异化布局。

郑红鑫的创业路，写满了颠覆和创新的注脚。

宋锦与沙发的奇遇

帝标逐步走上正轨后，为了了解全球家具产品的流行趋势和设计理念，为产品创新汲取灵感，郑红鑫几乎每一年都会带着团队去国外走访考察，足迹遍及意大利、德国等国家。

在国外见到奢侈品牌在面料和产品设计上的持续创新，再联想到国潮逐步成为热门商业风口，郑红鑫萌生了一个大胆的念头。回国后，他在帝标内部发起了一个名为"寻布中国"的项目。他希望将中国的传统技艺与家居产品相结合，设计出带有中国传统文化烙印的家具。

帝标的团队以布艺沙发为切入点，以面料创新为突破口，开始遍访各种传统丝织品，起源于11世纪中国宫廷的宋锦进入了帝标团队的视线。

宋锦历史悠久、色泽华丽、图案精致，产地主要在苏州一带，是我国的四大名锦之一。宋高宗为了满足宫廷服饰和书画装裱的需求，在苏州设立了宋锦织造署，大力推广宋锦，宋锦织造技艺在公元14世纪到19世纪到达鼎盛期。后来受到工业化和战乱冲击，宋锦织造技艺几近失传。

钱小萍是目前宋锦织造技艺唯一的国家级传承人，她18岁进入苏州丝绸研究所，从事丝绸新品设计，此后一直致力于抢救、保护、展示和弘扬中国丝绸传统文化和技艺。她对苏州宋锦进行了抢救性还原复制，让曾经濒临失传的宋锦织造技艺重获新生。

帝标几经辗转找到了钱小萍，经过一段时间的研究，帝标的产品研发团队发现宋锦质地坚固柔软，非常适合制作耐用消费品。在帝标品牌负责人肖竹珍看来："原来我们以为古代绫罗绸缎价值名贵，脆弱易损，然而宋锦坚固柔软的质地打破了我们的认知，通过对宋锦耐磨度、色牢度、延展度等指标的测试，我们发现宋锦不仅耐磨抗损，经过时间的洗礼，还可以散发光泽，历久弥新。"

帝标在沙发造型呈现上也颇为用心。沙发靠背汲取了孔雀的灵动之感，采用了绿孔雀开屏的造型，对称排列的孔雀翎栩栩如生，图案则是将大孔雀翎、小孔雀翎及百花3种花纹进行有机融合。这款由钱小萍监制，被命名为"孔雀王座"的沙发在第20届成都家具展上甫一亮相，就备受瞩目，获奖无数。

肖竹珍表示："这款孔雀王座沙发不仅造型和面料独特,实用性同样非常突出。沙发扶手和坐垫圆润饱满,体感舒适;头靠和矮靠可以拆卸,满足消费者多元化使用需求;底部高脚式设计则可以让扫地机器人轻松通过。"

工艺精益求精,设计亦不落俗套,这正是帝标家居的产品研发理念。孔雀王座单椅沙发如今已经成为帝标的标志性产品,深受消费者喜爱,甚至有企业客户会用这款沙发来装点会议室。在保持孔雀形状的基础上,帝标后来又对沙发材质进行了二度创新,将平价、美观、耐用的材质作为宋锦的替代品,更好地迎合了普通消费者的需求。

全屋定制新定位

过去10多年间,国内的房地产市场始终保持着火热的状态,但随着政府调控和新政的实施,从2021年下半年开始,房地产市场逐步回归理性。家居业作为房地产的下游产业，需求难免受到影响，行业逐步进入集中度提升的阶段。长期以来，家居业作为传统制造业，进入门槛不高，随着景气度走低，行业竞争日趋激烈，很多前店后厂的作坊店由于没有产品创新和服务能力，都被快速淘汰了。

家居行业转型在提速。随着客户群体的年轻化，用户审美能力和对居住空间的需求发生了巨大的变化，成品家居已经逐步沦为过去式，家居行业掀起了一股定制化的风潮。做定制橱柜起家的欧派家居，已经把产品线延伸到了定制衣柜、定制木门、定制卫浴；原来专注于成品沙发的顾家家居也扩充了产品线，不仅布局了软床、床垫，甚至推出了客厅和餐厅配套家具的定制系列。

在头部企业纷纷转型的时候，帝标家居的决心更加坚定。在软体家居领域深耕10多年的帝标，2019年开始正式启动全屋定制转型。为了满足客户一站式需求，帝标将业务模块分为装修、定制、家具、软装4个模块。

全屋定制的显著优势在于将家居销售的流量入口前移

至装修设计环节，过往客户硬装结束后再到家居卖场选购软装的场景将逐步减少，取而代之的是，客户在装修时就根据装修风格匹配了相应的家居产品。全屋定制的需求涵盖了包括厨房、卫浴、餐厅、卧室、客厅在内的全部情境空间，产品品类繁多，客单价也会随之提升。

然而，对于传统家具生产厂商而言，全屋定制这门看起来更有前景的生意，实际上并不好做，转型全屋定制对企业有着极高的要求。

肖竹珍表示，为了适应全屋定制转型的节奏，帝标迅速提高了3个方面的能力：

首先是设计能力。年轻一代消费者愈加注重产品品质和个性化的审美需求，于是帝标升级了全屋整体设计能力，目前已经可以为客户提供4种主流风格的全屋定制产品，分别是现代轻奢、现代简约、时尚新中式和优雅新古典。

其次是产品研发能力。从灵感到成品，从研发到生产，帝标不断开拓产品边界，目前已经拥有上千款单品，可以满足日常居家生活的全部需求。以国潮系列产品为例，大到取色布局，小到纹绣丝线，帝标将中华元素与现代时尚进行了深度融合，在软装的形态、颜色上施以浓厚的国风格调，几分优雅，些许时尚，意境超然。

再次是供应链整合能力。从客户提出需求开始，到各种原料和配件的选择，帝标的供应链体系已经可以实现快速响应并满足客户的多样化诉求。

新零售转型

家居作为耐用消费品，更替周期往往在10年以上，相比快消品，消费者的家居购买决策更为慎重。因此家居线下销售占比较高，门店是重要的流量入口。这就非常考验家居企业的门店布局，不少企业在门店创新方面也花了很多心思。

为了配合全屋定制转型，帝标对门店进行了持续升级。2020年，在成都红星美凯龙生活美学中心，帝标开出了第一家"星选店"。红星美凯龙将卖场升级为生活美学中心，业务范围不再局限于家居品类，新增了餐饮、影视、购物、健身等多个业态。可以预料的是，家居卖场的客流量将会大幅增加，客户群体也会更加年轻化。

对帝标而言，这是一次全新的冒险之旅。帝标决心将原来单一的产品售卖者角色升级为生活方式的分享者。帝标"星选店"突破了单体店几十或上百平方米的空间限制，打造了高达500多平方米的情境空间，将消费者的居家生活空间进行了还原，力求呈现集美学、设计、生活三位一体的现代生活方式。肖竹珍表示，"星选店"主要呈现帝标体系内的高阶产品，帝标的设计师和软装搭配师可以为消费者提供"成品+定制+软装"的全案服务。

帝标的渠道革新还不止于此。2021年，帝标家居在成都红星美凯龙佳灵店进行了新的尝试，开出了第一家"星YOUNG店"。这一次的目标客户群是1995—2009年出生的"Z世代"。目前我国Z世代总人数超过了2亿，这些新新人类是数字经济时代中最活跃的消费人群。

肖竹珍表示："为了迎合更多年轻消费者的需求，帝标开出了成都第一家集咖啡、潮玩与个性生活空间于一体的家居体验店，咖啡、潮玩、说唱、个性单品、全屋家居，这些当下年轻人最喜欢的生活方式都可以在帝标'星YOUNG店'体验到，我们希望年轻消费者能在这里找到他们理想中的家，让居家空间也能成为他们展示个性的一个窗口。"

此外，为了应对新零售转型，帝标还开了一个超过5000平方米的全屋定制大店，接下来还有一批新店将陆续开业。除了形式多样、吸睛无数的直营门店，帝标旗下的800多家经销商门店也在同步转型。目前，超过10%的门店已经完成了从单体店向全屋定制门店的转型。

回顾郑红鑫的创业之路和帝标家居的发展历程,不难发现,虽然身处传统行业,但帝标的基因里深深镌刻着"变革"二字。从家具经销商到沙发生产商,从传统工艺到新潮审美,从寂寂无名的单体店到花样百出的潮流店,从单一家具供应商到全屋定制先行者和生活方式的倡导者,帝标用近20年的时光,证明了传统行业也有一颗敢于变革的心。

在今天帝标家居的门店中,我们可以看到人潮涌动,也可以看到精致生活,但是你可曾看到那繁华背后的决心、勇气和智慧,以及那穿越山海、不屈不挠的企业家精神?